Coleção
**Oriente
Médio**

Como Combater o Antissemitismo

Bari Weiss

TRADUÇÃO **André Leones**

São Paulo · 2023

Copyright © 2019 Bari Weiss
Copyright da edição brasileira © 2023 É Realizações
Título original: *How to Fight Anti-Semitism*
Publicado em acordo com The Robbins Office Inc.
Gestão dos direitos autorais: Susanna Lea Associates

EDITOR   Edson Manoel de Oliveira Filho
PRODUÇÃO EDITORIAL   É Realizações Editora
CURADOR   Jorge Feffer
CAPA E PROJETO GRÁFICO   Angelo Bottino
DIAGRAMAÇÃO   Nine Design Gráfico / Mauricio Nisi Gonçalves
PREPARAÇÃO DE TEXTO   Cristian Clemente
REVISÃO   Marta Almeida de Sá

Reservados todos os direitos desta obra. Proibida toda e qualquer reprodução desta edição por qualquer meio ou forma, seja ela eletrônica ou mecânica, fotocópia, gravação ou qualquer outro meio de reprodução, sem permissão expressa do editor.

CIP-BRASIL. CATALOGAÇÃO NA PUBLICAÇÃO
SINDICATO NACIONAL DOS EDITORES DE LIVROS, RJ

W456c

Weiss, Bari, 1984-
    Como combater o antissemitismo / Bari Weiss ; tradução André Leones ; curadoria Jorge Feffer. - 1. ed. - São Paulo : É Realizações, 2023.
    160 p. ; 23 cm.   (Oriente Médio)

    Tradução de: How to fight anti-Semitism
    ISBN 978-85-8033-413-5

    1. Antissemitismo - História - Séc. XXI. 2. Conflito Árabe-israelense. 3. Antissemitismo - Aspectos políticos. I. Leones, André. II. Feffer, Jorge. III. Título. IV. Série.

23-81937
CDD: 305.8924
CDU: 323.12(=411.16)

Meri Gleice Rodrigues de Souza - Bibliotecária - CRB-7/6439
12/01/2023   13/01/2023

É Realizações Editora, Livraria e Distribuidora Eireli
Rua França Pinto, 498 · São Paulo SP · 04016-002
Telefone: (5511) 5572 5363
atendimento@erealizacoes.com.br · www.erealizacoes.com.br

Este livro foi impresso pela Paym Gráfica e Editora em fevereiro de 2023.
Os tipos são das famílias Dala Floda, FF Spinoza e National.
O papel do miolo é o LuxCream LD 70g., e o da capa, cartão Ningbo CS2 250 g.

Para os meus avós,

para Andy Weiss, que sempre acolheu os forasteiros,

e para Jack Weiss, Kyle Steiner e Sandy Steiner,
cujas memórias são uma benção.

"[...] e proclamareis a libertação de todos os moradores da terra."

— Levítico 25,10. Inscrição no Sino da Liberdade.

ELOGIOS A "COMO COMBATER O ANTISSEMITISMO"

"**BARI WEISS ESCREVEU** o que deve ser considerado um livro corajoso [...], uma obra concisa e digna de elogios contra o antissemitismo contemporâneo."

— The New York Times

"**AQUILO QUE HEINRICH GRAETZ** precisou de seis volumes sobre a história judaica para abarcar, Bari Weiss realizou com incrível concisão. Este livro importante engendrará milhares de conversas."

— Cynthia Ozik

"**UMA CARTA LONGA E DILACERADORA**, escrita com um estilo charmoso e acessível por uma orgulhosa norte-americana, abalada com a constatação de que o ódio está em ascensão nesta terra que amamos."

— Jewish Journal

"**UMA HUMANISTA LIBERAL CUJO** princípio norteador é a livre-expressão na arte, no amor e no discurso [...]. A obra de Weiss é heterodoxa, desafiando as categorizações fáceis do tipo nós/eles e esquerda/direita."

— Vanity Fair

"**UMA LEITURA IMPORTANTE [...]**. Como uma batalha em torno da normalização do antissemitismo já está em curso, a verdadeira utilidade pública de Weiss está em encorajar os norte-americanos comuns a se juntarem às forças da luz."

— The Federalist

"**ESTE LIVRO APAIXONADO**, escrito de forma vívida e, muitas vezes, esclarecedora, é uma dolorosa elegia de Weiss à luta."

— The Guardian

"**NO CERNE DO TEXTO** está a preocupação da autora com a saúde e a segurança dos cidadãos norte-americanos, e [Weiss] encoraja todos aqueles 'que amam a liberdade e querem protegê-la' a se juntar a ela nesse enérgico ativismo."

— Kirkus Review

"**AS OPINIÕES DIRETAS** e inovadoras de Weiss e as lições de história pormenorizadas, mas concisas, tornam este livro obrigatório para todas as pessoas que almejam compreender e interromper o crescimento de uma ideologia perniciosa."

— Publishers Weekly

"**UMA CONVOCAÇÃO** audaciosa para confrontar o ódio mais antigo da humanidade."

— National Review

"**ESPANTOSO [...]**. Bari Weiss é heroica, destemida, brilhante e generosa. E o mais importante: ela está certa."

— Lisa Taddeo, autora do best-seller *Three Women*

"**ACREDITO QUE ESTE LIVRO**, caso seja lido por um grande número de judeus norte-americanos, fará com que eles sejam sacudidos de sua repugnante acomodação."

— The Jerusalem Post

"**ESTE É O LIVRO MAIS IMPORTANTE** que você lerá neste ano. Conciso e moralmente certeiro, é um trem-bala da primeira à última frase. Precisamos ter um exemplar dele em cada sala de aula. Se você acha que algo sombrio está em ascensão, você está certo. O que você pode fazer? Eis o que há para ser feito."

— Caitlin Flanagan, colaboradora da *Atlantic* e autora de *To Hell with All That*

"**COMO COMBATER O ANTISSEMITISMO** é urgente, franco e destemido. Há coisas aqui para ofender a todos — porque há coisas aqui para despertar a todos."

— Rabino David Wolpe, autor de *David: The Divided Heart*

"**ENQUANTO O ANTISSEMITISMO** europeu colocou os judeus em perigo mortal por tempo demais, a 'brilhante cidade na colina' — Estados Unidos — mergulhou na mesma escuridão tóxica. O livro de Bari Weiss é um alerta poderoso contra a autocomplacência e deveria forçar todos os livres-pensadores de ambos os lados do Atlântico a se posicionarem contra as novas roupagens da mais antiga forma de *ódio que existe no mundo*. *Como Combater o Antissemitismo?* Sim. Mas também poderia se intitular *Como Salvar a Democracia Liberal*."

— Bernard-Henri Lévy, autor do *best-seller* *The Empire and the Five Kings*

"**ELES DISSERAM 'NUNCA MAIS'**. No entanto, aqui estamos nós outra vez. A esmerada exposição de Bari Weiss sobre o antissemitismo moderno remonta esse ódio ao que eu chamo de 'a tripla ameaça': a extrema esquerda, a extrema direita e os teocratas islâmicos. Os judeus são os canários na mina de carvão. E se os nossos amigos judeus estão soando o alarme, é melhor que todos nós prestemos atenção, antes que seja tarde demais."

— **Maajid Nawaz, autor de *Radical: Uma Jornada para Fora do Extremismo Islâmico***

SUMÁRIO

CAPÍTULO 1 Despertando   **15**
CAPÍTULO 2 Uma Breve História   **33**
CAPÍTULO 3 A Direita   **49**
CAPÍTULO 4 A Esquerda   **73**
CAPÍTULO 5 Islã Radical   **105**
CAPÍTULO 6 Como Combater   **127**

AGRADECIMENTOS   **157**

CAPÍTULO 1
Despertando

"**Há um atirador** na Árvore da Vida."
A primeira mensagem chegou ao grupo da família às 10h22 da manhã. Era da minha irmã caçula, Suzy. Digitei a resposta de imediato: "O pai está".

Minha boca travou enquanto eu esperava uma resposta para a minha pergunta incompleta.

Meus pais vivem a menos de três quilômetros da sinagoga Árvore da Vida. Três congregações se reúnem no local para os serviços religiosos matutinos do Shabat; às vezes, meu pai vai a uma dessas congregações.

"Estamos em casa", minha mãe escreveu, "não se preocupe".

Casey, a segunda mais jovem das minhas irmãs, tinha mais informações: "Munição de alta potência AK-47. Doug está sintonizado no rádio da polícia". Ela se referia ao marido, um bombeiro local.

Alguém enviou um link para os Salmos – "Nossos pais confiavam em ti, confiavam e tu os salvavas" –, poemas sagrados que os judeus sempre recitaram em tempos de aflição. Várias mensagens sugeriam haver reféns e traziam especulações precoces e esperançosas. Minha mãe apenas escreveu: "Tenho certeza de que há pessoas lá que nós conhecemos".

Os minutos se arrastavam. Liguei a TV na CNN. Nada, ainda. Eu atualizava e atualizava e atualizava a página do Twitter a cada instante. Havia postagens de fontes locais exortando as pessoas a ficar longe da sinagoga; avisos de que a polícia havia fechado aquela parte da vizinhança; especulações de que o atirador poderia estar à solta. Pensei nos terroristas que detonaram bombas na Maratona de Boston – em como um dos irmãos Tsarnaev se escondeu no quintal de alguém, dentro de um barco — e pedi aos meus pais que não saíssem de casa.

Logo comecei a receber mensagens via WhatsApp de amigos próximos que vivem em Israel, onde o Shabat estava terminando[1] — uma estranha inversão em relação aos anos da Segunda Intifada,[2] quando eu escrevia para eles: "Vocês estão a salvo?".

Chequei as notícias outra vez. As primeiras informações sobre um tiroteio no bairro Squirrel Hill, em Pittsburgh. Atirador ainda não identificado. Número de vítimas desconhecido. Atualizei o Twitter.

A certa altura desses minutos aterrorizantes, entre a primeira mensagem de Suzy e o momento em que comprei uma passagem de avião para a minha cidade natal a fim de testemunhar o que o assassino tinha feito, minha outra irmã, Molly, disse ter ouvido algo na radiofrequência da polícia.

"Ele está gritando que todos esses judeus têm que morrer."

—

Eu ainda não sabia que viria a encarar essa frase como aquela que marcaria o antes e o depois. Que eu viria a encarar esse comando — que fora proferido em uma língua diferente por Amaleque, o vilão que perseguia os mais fracos dos anciãos israelitas no deserto, na viagem para a Terra Prometida; o comando repetido pela escória da mesma laia que Amaleque através de gerações, e que agora era gritado na minha geração — como um sinal de alarme. Essas palavras me acordariam para o fato de que passei a maior parte da minha vida ignorando a história. E que a história, em uma saraivada de balas, havia retornado de forma inequívoca.

Entretanto essa constatação ainda não havia me ocorrido. Na manhã de 27 de outubro de 2018, em um quarto de hotel em Phoenix, eu suava em

---

[1] O Shabat, dia sagrado dos judeus, começa no pôr do sol de sexta-feira e termina no pôr do sol de sábado. (N.T.)

[2] As intifadas foram revoltas populares palestinas contra as forças israelenses de segurança, sobretudo nos chamados Territórios Ocupados (Gaza e Cisjordânia). A Primeira Intifada ocorreu entre 1987 e 1993; a Segunda, entre 2000 e 2005. O termo "intifada" significa, nesse contexto, "levante", "agitação", "revolta", "insurreição"; originalmente, a palavra se refere ao ato de se livrar de alguma coisa ou de alguém por meio de um movimento brusco, uma sacudida ou algo similar. (N.T.)

bicas e bebia o café morno trazido pelo serviço de quarto, e respondia ao meu editor no *Times* para dizer que sim, eu escreveria imediatamente uma coluna sobre o que estava acontecendo.

Isso foi antes de eu descobrir que o nome do atirador era Robert Bowers, antes de eu ler o que ele escreveu na rede social Gab: "Não existe #MAGA enquanto houver essa infestação de judeuzinhos"[3]. Foi antes de eu descobrir que ele acreditava que o povo judeu era responsável pelo pecado de trazer muçulmanos para os Estados Unidos: "Abram os olhos! São judeus imundos e *maus* trazendo muçulmanos imundos e *maus* para o país!!". Bowers odiava a Hebrew Immigrant Aid Society (HIAS), uma organização judaica fundada no final do século XIX para reassentar os judeus que fugiam dos *pogroms*[4] que ocorriam na Rússia e no Leste Europeu. Hoje, ela realiza o virtuoso trabalho de socorrer judeus e não judeus que sofrem perseguição em todo o mundo. Sua última postagem antes de entrar na sinagoga foi: "A HIAS gosta de trazer invasores que matam o nosso povo. Não posso me sentar e assistir ao massacre do nosso povo. Que se dane a maneira como vocês veem as coisas, eu vou entrar!". A Árvore da Vida fora uma das 270 sinagogas em todo o país que, no sábado anterior, sediaram o Shabat Nacional dos Refugiados (National Refugee Shabbat). Naquela manhã, durante os serviços religiosos, os rabinos falaram sobre um dos temas mais fundamentais e recorrentes da Bíblia: não oprimam os estrangeiros, pois vocês eram estrangeiros na terra do Egito.

Isso foi antes de eu ver um agente do FBI chamado Nicholas Boshears cair em prantos no santuário da sinagoga ao falar sobre o que testemunhara em minha comunidade. No final do corredor, seus colegas, usando macacões brancos, limpavam e analisavam o que se tornara a cena de um

---

[3] MAGA: abreviação de *Make America Great Again*, "Faça a América grande de novo", *slogan* popularizado por Donald Trump na campanha presidencial de 2016. No original, o termo usado por Bowers para se referir aos judeus é *kike*, desrespeitoso ao extremo e intraduzível. (N.T.)

[4] *Pogrom* é um termo de origem russa que significa "devastação" (de *gromit*, "destruir mediante o uso da violência"). Originalmente, a palavra se referia à perseguição de judeus na Rússia czarista por meio de ataques violentos, tolerados pelas autoridades, em que multidões antissemitas destruíam sinagogas, residências e comércios da comunidade-alvo, agredindo e assassinando pessoas. Hoje em dia, o termo se aplica a qualquer tipo de ataque similar a determinada minoria étnica e/ou religiosa com a conivência das autoridades. (N.T.)

crime: um santuário com centenas de cartuchos de munição, rios de sangue seco e pequenos nacos de carne.

Isso foi antes de eu me sentar com o rabino David Wasserman na sinagoga Sharee Torah, em Squirrel Hill, com os olhos lacrimejando, arregalados, enquanto me contava sobre o que vira. Como membro da comunidade *chevra kadisha* — literalmente, comunidade sagrada —, ele recebera a tarefa de coordenar a limpeza dos corpos conforme a lei judaica.

"Vi corpos durante *taharas*", ele disse, referindo-se ao ritual de purificação que ocorre antes de um enterro judaico. "Mas, *à* exceção dos médicos em zona de guerra ou dos soldados, desafio quem quer que seja a me dizer que já viu algo parecido." Era, segundo Robert Jones, o agente especial do FBI encarregado de Pittsburgh, a "cena de crime mais horrenda" que ele vira em 22 anos de carreira.

O rabino Wasserman teve de desligar o cérebro para conseguir fazer o trabalho. Mesmo assim, as imagens ardiam em sua mente.

Ele me contou ter visto o corpo de um homem gentil que ambos conhecíamos, intelectualmente incapacitado, caído na entrada do santuário. Cecil Rosenthal sempre chegava cedo para os cultos, acompanhado por seu irmão, David, orgulhoso de servir como ajudante e receber todos os que chegavam com um livro de orações e um enorme sorriso. Pela localização do corpo, parecia que ele também dera boas-vindas ao matador.

Wasserman viu Bernice e Sylvan Simon, que se casaram naquela sinagoga, mortos um nos braços do outro. "Ele estava protegendo a esposa", disse o rabino, referindo-se à posição dos corpos. Ele estremeceu ao me contar que viu um pedaço do crânio de alguém e reconheceu de imediato a cabeça à qual pertencia, pois sabia exatamente como aquele homem penteava os cabelos.

Isso foi antes que soubéssemos todos os nomes: os Rosenthal, os Simon, Joyce Fienberg, Richard Gottfried, Rose Mallinger, Jerry Rabinowitz, Daniel Stein, Melvin Wax e Irving Younger. Foi antes que os enterrássemos.

Escrevi a coluna naquela tarde. Na manhã seguinte, fiz o discurso que fora a minha razão para viajar a Phoenix. Um espectador gentil colocou um boné de beisebol dos Pirates na minha cabeça, e eu o usei enquanto caminhava pelo aeroporto.

Você se lembra de qual foi a sensação depois de assistirmos aos aviões acertarem as torres em 11 de setembro de 2001? Eu me lembro de voltar dirigindo da escola no final da manhã e observar, como se fossem feitos de neon, os gramados cortados à perfeição passando rápido do lado de fora da minha janela. Notei que os motoristas paravam a fim de que os pedestres atravessassem a rua, e que os semáforos funcionavam, e que as estações de rádio seguiam no ar. Eu me lembro de perceber, pela primeira vez na vida, que nada daquilo — as ruas pavimentadas, ou a água corrente, ou os pais amorosos que viriam do trabalho para me reconfortar e às minhas irmãs — tinha de ser como era. Nada daquilo era garantido.

Foi assim que me senti enquanto caminhava pelo aeroporto de Phoenix naquele 28 de outubro. Observei, perplexa, as pessoas pedirem seus cafés ao caixa da Starbucks. Observei uma jovem mulher pedindo a outra que emprestasse o carregador do celular. Observei como as pessoas formaram educadamente uma fila para entrar no avião, seguindo os incompreensíveis números de embarque, arrastando suas malas com rodinhas.

Tudo era tão miraculoso. Tudo era tão frágil. As lágrimas não pararam de descer até eu estar a nove mil metros de altura, voltando para casa, para Pittsburgh.

—

Sempre me considerei uma das judias mais sortudas da história.

Isso seria verdade pelo simples fato de eu ter nascido nos Estados Unidos na segunda metade do século XX. Foram anos de abundância para os judeus norte-americanos. Os hospitais e as firmas de advocacia que os judeus fundaram, por não serem aceitos pelos outros, eram, agora, aqueles que todos procuravam. Em poucas décadas, os consumados marginais se tornaram privilegiados, capazes de advogar não apenas para si mesmos como por aqueles que ainda enfrentavam a discriminação sistêmica — tudo isso sem ter de abrir mão do peixe defumado ou do Yom Kippur.

O fato de eu ter vivido nos Estados Unidos nessa época é uma questão de inacreditável sorte ou benção, caso você creia ou não no outro mundo. Mas a realidade que herdei não foi um acidente feliz.

A maioria dos compatriotas da minha geração *não conhece o nome Charles* Coughlin, mas, na década de 1930, trinta milhões de norte-americanos ligavam o rádio toda semana para ouvir o padre que defendia a *Kristallnacht*[5] e dizia o seguinte dos judeus: "Vivemos para ver o dia em que os

---

[5] *Kristallnacht*, a "Noite dos Cristais", foi um *pogrom* efetuado na Alemanha nazista na noite de 9-10 de novembro de 1938, levado a cabo pelas forças paramilitares da SA e por civis,

modernos Shylocks⁶ se tornaram gordos e ricos, louvados e endeusados, pois perpetuaram o antigo crime da usura sob a fraude moderna da política". Coughlin era tão influente que sua cidade no estado do Michigan teve de construir uma nova agência dos correios apenas para conseguir receber as quase oitenta mil cartas enviadas para ele todas as semanas.

Henry Ford recebeu um elogio pessoal no *Mein Kampf* e foi agraciado, em 1938, com *a Grã-Cruz da Ordem do Mérito da Águia Alemã*, a mais alta honraria que os nazistas concediam a estrangeiros. Hitler, que possuía um retrato de Ford, foi profundamente inspirado pelo ódio aos judeus movido pelo fabricante de automóveis, o qual era regularmente articulado no jornal de Ford, *The Dearborn Independent*.

Em 1939, seis meses antes de Hitler invadir a Polônia, mais de vinte mil pessoas compareceram a um comício pró-nazista no Madison Square Garden ostentando cartazes que diziam: "Acorde, América. Esmague o comunismo judaico!" e "Abaixo a dominação judaica dos cristãos americanos!".

Em outras palavras, o antissemitismo não era um problema exclusivamente alemão ou europeu. Os judeus daquele continente foram mortos pela aplicação de ideias – não só aquelas nas mentes das massas que gritavam "Sieg Heil!" em Manhattan, mas também as dos movimentos de eugenia e das leis Jim Crow⁷ – que também penetravam nos Estados Unidos.

Uma grande medida da liberdade dos judeus norte-americanos que experimentei foi uma reação ao que ocorreu naquelas terras encharcadas de sangue. Os Estados Unidos liberais do pós-guerra, que ascenderam enquanto os nazistas decaíam, tornaram-se um lugar melhor para os judeus por causa das lições que o mundo e os Estados Unidos só aprenderam após o assassinato de seis milhões de pessoas.

---

com total conivência das autoridades. O nome deriva dos vidros quebrados das janelas de sinagogas, residências e lojas, que ficaram pelas ruas e calçadas. Estima-se que pelo menos 91 judeus foram assassinados na ocasião. O historiador britânico Robert J. Evans afirma que 638 judeus se mataram em função dos traumas e prejuízos sofridos. (N.T.)

⁶ Shylock, um agiota judeu, é o vilão da peça *O Mercador de Veneza*, de William Shakespeare. (N.T.)

⁷ Leis que impunham a segregação racial em vários estados norte-americanos, vigentes entre 1877 e 1964. (N.T.)

Dentre os judeus nascidos nas duas ou três gerações afortunadas, eu tive ainda mais sorte do que a maioria. Nenhum dos meus avós estava na Europa durante a Segunda Guerra Mundial. Todos nasceram nos Estados Unidos. Eles se conheceram na mesma escola pública, em Squirrel Hill, a vizinhança onde os meus pais se encontrariam e, mais tarde, se casariam. Décadas depois, eles ainda se amam, a despeito de terem cancelado seus votos matrimoniais (ou talvez por isso). Toda sexta-feira à noite, no jantar do Shabat, a nossa casa se torna um salão onde discutimos política, notícias e judaísmo com dez convidados ou muitos mais. Eles trabalharam duro para ter dinheiro suficiente para mandar eu e minhas irmãs para a escola judaica, o acampamento de verão e outros programas em Israel.

E — acima de tudo — eu nasci em uma época na qual todas as portas que outrora me manteriam fora das salas dos poderosos tinham sido abertas para mim pelas incansáveis, raivosas e virtuosas feministas que insistiram na igualdade fundamental das mulheres. Ao menos em teoria, nenhuma das barreiras que ficaram entre a minha avó e seus anseios, ou mesmo entre a minha mãe e os objetivos dela, foi intransponível para mim.

Fui criada no que pode ser acuradamente descrito como um *shtetl*[8] urbano. Em Squirrel Hill, nós cuidávamos uns dos outros. Sabíamos estar distantes do que há de mais chique, sofisticado ou coisa que o valha. O esnobismo era para os outros. Éramos *haimish* — para usar a palavra iídiche que descreve qualquer coisa aconchegante, acolhedora e segura. Ela também pode ser a palavra iídiche para Pittsburgh.

Eu me tornei uma *bat mitzvah*[9] na sinagoga Árvore da Vida em março de 1997 — mas a cerimônia não devia ter acontecido lá. No outubro anterior, um incêndio havia ocorrido na sinagoga frequentada pela minha família, Beth Shalom, que se situa a menos de dois quilômetros da outra. Judeus e gentios correram para combater o fogo. Como o diretor executivo da Beth

---

[8] Termo em iídiche que significa, literalmente, "pequena cidade" ou "cidadezinha". Refere-se aos povoados rurais que, no Leste Europeu do século XIX, eram habitados pelos judeus. O avanço do antissemitismo, dos pogroms e, depois, da barbárie nazista acabou por varrer essas comunidades (e a esmagadora maioria dos seus habitantes) do mapa. (N.T.)

[9] Literalmente, "filha da lei" ou "filha do mandamento". A expressão em hebraico se refere à cerimônia por meio da qual é concedida a maioridade às jovens judias quando elas completam doze anos de idade. O equivalente masculino é *bar mitzvah*, e ocorre quando os rapazes completam treze anos. (N.T.)

Shalom disse a um repórter na época: "Não precisei chamar ninguém. Todos vieram ajudar". Se isso soa como uma fala de Mister Rogers[10], talvez seja porque Squirrel Hill era, literalmente, a vizinhança dele.

—

Certa vez, um sábio professor me disse que toda a história judaica — estabelecida primeiro no livro do Êxodo, e depois marcada pelo genocídio de Hitler — ensina duas lições ao povo judeu. A primeira lição é a de sobreviver. A segunda lição é a de nunca permitir que outros se tornem escravos, pois conhecemos o amargor da escravidão antiga e moderna. É uma variação da frase mais famosa atribuída ao rabino Hillel, um sábio do século I: "Se não sou por mim, então quem será? Mas, se eu for apenas por mim, o que eu sou? Se não agora, quando?".

Nunca tive de pensar sobre a primeira lição; fui protegida e sou privilegiada. De fato, uma das dádivas da experiência judaica moderna é que os valores judaicos magnânimos substituíram, quase por completo, a casmurrice, pois temos sido muitíssimo bem-recebidos aqui. A sobrevivência não é mais uma preocupação para nós.

Não é que inexistam vestígios de um passado mais cruel e violento. Havia piadas sobre apanhar moedas no chão e perguntas sobre chifres. Por outro lado, também havia comentários sarcásticos, garotos do ensino médio me dizendo que voltasse para a cozinha e preparasse um sanduíche para eles.

Quando eu estava na terceira ou quarta série, um ônibus do colégio católico chegava todas as manhãs enquanto eu e minha irmã esperávamos no ponto. Algumas das crianças colocavam a cabeça para fora das janelas e gritavam "judiazinhas" [*kikes*] e "judias imundas". Minha pele ardia, e eu apertava a mãozinha de Casey com força. Tivemos de perguntar aos nossos pais o que *kike* significava; nunca tínhamos ouvido esse xingamento antes. A gritaria parou quando meu pai foi até o ponto de ônibus e repreendeu as crianças. Não me lembro de ter ficado envergonhada quando ele fez isso.

Cada ramo da minha família tem o mesmo retrato do meu bisavô Chappy Goldstein. Imigrante pobre, Chappy foi um boxeador peso-mosca quando jovem. Em sua foto oficial, uma grande estrela judaica está

---

[10] O norte-americano Fred Rogers (1928-2003) foi um célebre pastor presbiteriano, escritor e apresentador de televisão. (N.T.)

estampada em seu calção de lutador. Eu me orgulhava de ser descendente dele, assim como me orgulhava do fato de a loja dos meus avós ter sido ameaçada de boicote porque os dois apoiaram o movimento de integração das escolas públicas na década de 1970. Não há nenhum grande estudioso da Torá na minha linhagem, até onde sei. É o suficiente descender de judeus durões que não desistiam de seus princípios.

Desde muito nova, sabia que éramos os sortudos e que as coisas poderiam ter sido muito piores. Sabia que, em parte, isso se devia ao fato de sermos uma família viciada em notícias que conversava sobre história. Também frequentei uma escola onde aprendíamos sobre pessoas como Hannah Senesh (a poeta, paraquedista e sionista húngara que foi torturada e executada pelos nazistas) e à qual todos os anos, no Yom HaShoá[11], sobreviventes com números tatuados nos braços iam para nos contar seus pesadelos em plena luz do dia.

Mas eu também sabia que as coisas poderiam ser piores porque acompanhava o que acontecia em outras partes do mundo. Eu vi as imagens de ônibus destroçados por homens-bomba em Jerusalém. Eu assisti ao vídeo de Daniel Pearl no YouTube, onde ele diz "Meu pai é judeu, minha mãe é judia, eu sou judeu", antes de ser decapitado no Paquistão.

Eu ainda estudava na Columbia University quando li sobre Ilan Halimi. Aos 23 anos, ele era apenas um ano mais velho do que eu e vivia em Paris, outra das cidades mais cosmopolitas do mundo. Era saudável e bonito, e participava do jantar do Shabat toda sexta-feira à noite com sua mãe, Ruth, uma imigrante do Marrocos. Em 21 de janeiro de 2006, um grupo chamado Gangue dos Bárbaros — era assim que eles orgulhosamente se autodenominavam — sequestrou Halimi, supondo que ele fosse rico. Na verdade, seus pais divorciados tinham posses modestas, e ele trabalhava vendendo celulares. Mas a gangue tinha certeza de que ele era rico por ser judeu.

Durante 24 dias, eles torturaram esse jovem. Enviavam vídeos das torturas para a família. Halimi foi encontrado nu e algemado perto dos trilhos de trem em Essonne, mais de vinte quilômetros ao sul de Paris. Estava completamente mutilado: fora esfaqueado pelo menos três vezes, e a maior parte de seu corpo fora queimada com cigarros e ácido. Ele morreu na ambulância, a caminho do hospital.

---

[11] Dia da Lembrança do Holocausto. (N.T.)

Tão apavorante quanto o que fez a Gangue dos Bárbaros foi a recusa veemente das autoridades francesas de reconhecer a natureza do crime. "Não há nenhum elemento ligado a esse assassinato que nos permita ligá--lo a um propósito antissemita ou a um ato antissemita", o juiz de instrução concluiu em uma declaração oficial.

Como o escritor francês Marc Weitzmann detalha de forma impressionante em seu novo livro, *Hate* [Ódio], os elementos eram, na verdade, absolutamente avassaladores. Aquilo não foi um sequestro aleatório por resgate, mas um perverso crime de ódio levado a cabo por uma gangue de mais de vinte jovens liderada por um antissemita assumido chamado Youssouf Fofana. Mas o custo de dizer a verdade era muito elevado. Significaria admitir coisas demais sobre a falência do Estado francês em proteger o próprio povo, sobre a sua incapacidade de assimilar os muçulmanos, sobre o desregramento das periferias, sobre a balcanização da sociedade francesa e, acima de tudo, sobre o poder letal do ódio aos judeus.

No fim das contas, Ilan Halimi foi assassinado, e depois foi sacrificado com o objetivo de não perturbar as ilusões da França sobre si mesma.

—

Mais de uma década depois, essas ilusões foram despedaçadas. Em fevereiro de 2019, no aniversário da morte de Halimi, a árvore plantada em Paris em sua memória foi arrancada por vândalos antissemitas. E a doença mental que incitou os assassinos de Halimi se espalhou pela Europa afora e sofreu mutações.

Os judeus de Paris passaram pelos assassinatos de Mireille Knoll, uma sobrevivente do Holocausto de 85 anos que foi esfaqueada onze vezes antes que lhe ateassem fogo em seu próprio apartamento, e, antes dela, de Sarah Halimi (nenhum parentesco com Ilan), judia de 65 anos, mãe de três filhos, espancada até a morte e atirada pela janela. Para os judeus franceses, Toulouse remete aos tiros à queima-roupa que mataram crianças na escola Ozar Hatorah.

Os judeus de Berlim sabem que você pode ser espancado por usar um quipá ou por falar hebraico em público.

Os judeus de Estocolmo ou Malmö sabem que, quando entram em uma sinagoga, ela pode ir pelos ares com uma bomba incendiária.

Os judeus de Bruxelas sabem que o Museu Judaico não é apenas um ponto turístico, mas também um lugar onde judeus foram assassinados.

Os judeus de Londres sabem que Jeremy Corbyn, líder do Partido Trabalhista e possível futuro primeiro-ministro do Reino Unido, descreveu os grupos genocidas e terroristas do Hamas e do Hezbollah como seus "amigos".

Os judeus de Varsóvia testemunharam há pouco como o governo da Polônia — um lugar em que já viveram mais de 3 milhões de judeus, mas onde, agora, há menos de dez mil — aprovou uma lei que torna ilegal dizer que o país colaborou com os nazistas.

Isso para não mencionar a constante profanação de cemitérios; a demonização dos judeus pela imprensa e pelos políticos; a maneira casual como somos referidos como "macacos e porcos" em manifestações anti-Israel. Nas ruas de cidades como Londres e Paris, os judeus são xingados, empurrados e cuspidos. Alguns são meus amigos.

Em 2019, com sobreviventes do Holocausto ainda caminhando pelas mesmas ruas onde outrora foram aprisionados, a realidade é a seguinte: em várias das cidades mais refinadas da Europa, ser publicamente judeu — um judeu religioso, um sionista, ou mesmo uma pessoa com um sobrenome judeu ou uma aparência de judeu — significa, cada vez mais, arriscar a própria integridade física. Faz sentido que tantos judeus tenham optado por viver parcialmente no armário. Alguns removeram símbolos físicos: as *mezuzot* dos batentes das portas; os quipás das cabeças; as estrelas de Davi dos pescoços. Outros mantêm suas opiniões acerca de vários assuntos em silêncio, em especial o que pensam sobre Israel. Uma pesquisa recente conduzida pela Agência dos Direitos Fundamentais da União Europeia descobriu que 41% dos judeus com idades entre 16 e 34 anos pensaram em emigrar, "porque, como judeus, não se sentem seguros vivendo lá".

Os judeus da Europa, como escrevi em um artigo publicado pelo *Times* em novembro de 2018, estão tentando lutar contra uma espécie de dragão de três cabeças. Em primeiro lugar, há o medo físico de uma agressão violenta, com frequência, praticada por jovens muçulmanos, o que leva muitos judeus a esconder os indícios de sua identidade religiosa. Em segundo lugar, há o medo moral da vilanização ideológica, sobretudo pela extrema esquerda, que coloca toda a culpa pelo constante conflito entre Israel e os palestinos no Estado judaico, e assim faz com que os judeus minimizem suas simpatias por Israel ou as abandonem por completo. E, em terceiro lugar, há um profundo medo político do fascismo e do populismo ressurgentes, o que pode causar uma dissonância cognitiva, uma vez que pelo menos alguns dos neofascistas e populistas europeus professam simpatia por Israel enquanto expressam uma franca hostilidade aos muçulmanos.

Essas três ameaças se misturam com frequência, como ocorreu recentemente em Paris, quando o intelectual público Alain Finkielkraut atravessava a rua e calhou de cruzar com um grupo de manifestantes dos Coletes Amarelos, que o chamaram, entre outras coisas, de "judeu imundo", "merda sionista" e "fascista". Eles insistiram: "Vá para casa, para Israel – para Tel Aviv!". Não esqueçamos que Finkielkraut é filho de poloneses sobreviventes do Holocausto, os quais, provavelmente, ouviram as mesmas coisas.

Duvido que os agressores de Finkielkraut soubessem muito sobre o filósofo, além do fato de ele ser judeu. Tenho certeza de que eles não sabiam que, anos atrás, Finkielkraut se tornou membro da Académie Française. Seus 41 membros são chamados de Imortais – eis quão importantes essas pessoas são para a cultura francesa –, e Finkielkraut ocupa a cadeira número 21.

Essa agressão sofrida por Finkielkraut me remete à gafe assustadora cometida em 1980 pelo primeiro-ministro Raymond Barre, depois que uma mulher judia e três outras pessoas foram mortas em uma sinagoga parisiense, num atentado a bomba. "Esse vil atentado terrorista foi direcionado aos judeus que estavam a caminho da sinagoga, mas também atingiu franceses inocentes que passavam por ali", Barre disse ao vivo na televisão. Ali estava o primeiro-ministro da França involuntariamente dizendo ao público que, de algum modo, os judeus franceses não eram inteiramente inocentes, nem inteiramente franceses, e, assim, eram um alvo de certa forma mais apropriado do que os outros passantes. Ao direcionar sua raiva ao judeu Alain Finkielkraut, como certamente voltarão a fazer, os Coletes Amarelos atacaram, de forma inadvertida, um homem que é o coração pulsante da cultura francesa.

—

Sempre achei impossível que esse tipo de câncer pudesse se espalhar pelos Estados Unidos por três razões fundamentais.

A primeira delas é a natureza especial do país. Os Estados Unidos, com sua promessa de liberdade religiosa e de expressão, com sua insistência em afirmar que todas as pessoas são criadas de forma igual, com sua tolerância às diferenças, com sua ênfase nos ideais compartilhados em detrimento da linhagem compartilhada, têm sido, mesmo com suas falhas terríveis, uma Nova Jerusalém para o povo judeu.

Essa é uma nação cujo primeiro presidente, em 1790, escreveu uma carta para a Congregação Hebraica em Newport, Rhode Island, dizendo que os judeus desse país "também teriam a liberdade de consciência e as imunidades da cidadania". Ele prosseguiu: "Agora não é mais de tolerância que falamos, como se fosse pela indulgência de uma classe de pessoas que a outra usufruísse do exercício dos direitos naturais que lhe são inerentes". A hipótese radical de George Washington era de que os judeus não seriam, como sempre foram na história, cidadãos de segunda classe na nova América. Em vez disso, a liberdade seria tão natural para os judeus quanto era para qualquer outro cidadão — pelo menos, para qualquer outro norte-americano então reconhecido como plenamente humano. A Guerra Civil, travada para tornar a promessa da América mais real, ainda estava a 71 anos de distância.

A razão pela qual os judeus prosperaram aqui como em nenhuma outra diáspora da história não é coincidência. É por causa da natureza da visão fundadora da nação. Os fundadores dos Estados Unidos estavam sob o jugo do "Velho" Testamento tanto quanto do Novo. Naquela carta de 1790, bem como em muito do que escreveu, Washington cita com liberdade a Bíblia, que conhecia tão bem. Ali estava o profeta Miqueias, em um versículo que depois seria usado por Lin-Manuel Miranda na trilha de *Hamilton*: "Que os filhos da progênie de Abraão que habitam esta terra continuem a merecer e a desfruta a boa vontade dos outros habitantes — e que cada um se sinta em segurança sob a sua videira e a sua figueira, e que não haja ninguém que os amedronte".

Os puritanos também se viam como parte de um Êxodo moderno. Eles também formavam um pequeno bando de iconoclastas em fuga da tirania; também atravessaram um mar; também estavam determinados a adorar seu deus em liberdade em uma terra promissora. Eles se identificavam tanto com os israelitas que Benjamin Franklin queria que a imagem do grande selo do país fosse Moisés abrindo o Mar Vermelho. Como o rabino Meir Soloveichick salientou em 2018, em uma brilhante conferência, os fundadores norte-americanos, à diferença dos europeus, eram "encantados com a história miraculosa dos judeus, em vez de invejá-la, e viam a própria história como se ela refletisse, em vez de substituir, o Israel bíblico". Foi

Lincoln, como sempre, quem expressou isso à perfeição: "os americanos", disse ele, "eram o povo quase escolhido".

Tudo isso porque, como observou o escritor alemão Josef Joffe, "a América é salpicada de lugares com nomes bíblicos como Jerusalém, Siló, Sião, Canaã e Gósen". E ainda "não há Siló em parte alguma da Europa".

A segunda razão pela qual eu acreditava ser impossível que o antissemitismo florescesse neste país e nesta época advém da existência do Estado de Israel e de sua estreita aliança com os Estados Unidos.

Não há período na história, desde a destruição do Segundo Templo pelos romanos, que tenha sido melhor para o povo judeu do que os últimos setenta anos. Isso por causa do milagre do retorno dos judeus à soberania política. Para os milhões de judeus do mundo muçulmano, da ex-União Soviética e da Etiópia, o porto seguro foi literal: Israel acolheu milhões de pessoas e lhes deu a chance de viver em liberdade. Para aqueles dentre nós que não precisavam de segurança física, Israel também ofereceu uma profunda segurança psicológica.

Em outras palavras, Israel fez seu trabalho tão bem e tão rapidamente que os judeus norte-americanos de hoje com parca educação e pouco conhecimento histórico pensam que é normal que sejamos poderosos. Não há nada na história judaica que sugira que esse estado de coisas seja a regra. E, por certo, não há nada na história judaica que leve qualquer pessoa a prever que o país mais poderoso do mundo se aliaria ao Estado judaico. A prova dessa relação especial não estava apenas no intenso compartilhamento de informações, na cooperação das forças de segurança e na forte retórica política. Ela se tornou clara pelos sentimentos incrivelmente positivos que, há muito tempo, os norte-americanos têm para com Israel.

A terceira razão é que as circunstâncias aqui nos Estados Unidos são bem diferentes daquelas na Europa. Não temos um influxo maciço de refugiados e imigrantes de países onde o antissemitismo (para não mencionar a misoginia e a homofobia) é a norma, a despeito do que Donald Trump quer que acreditemos. Também não temos uma história de *pogroms* antijudeus e de genocídio antijudeu. E a liberdade religiosa é fundamental para o projeto norte-americano.

No entanto, ouço uma voz dentro de mim fazendo as perguntas que os meus companheiros judeus me fazem aonde quer que eu vá, perguntas feitas por judeus em tantas outras épocas e lugares: poderia acontecer aqui? Está acontecendo aqui?

As pesquisas sugerem que a resposta é não. Cerca de 74% dos norte-americanos têm uma visão favorável de Israel. Os norte-americanos se sentem mais "calorosos" para com os judeus do que em relação a qualquer outro grupo religioso, logo à frente dos católicos, segundo uma pesquisa de 2017 do Pew Research Center. Somos tão amados que os gentios querem se casar conosco: cerca de 70% dos judeus não ortodoxos agora se casam com pessoas de fora da tribo.

Então, os números parecem bons. Mas os números também nos diziam que Hillary Clinton venceria as eleições para a Casa Branca em 2016.

A verdade é que forças culturais e políticas mais profundas, à esquerda e à direita, estão transformando o país, com grandes implicações para um grupo que constitui menos de 2% da população. E essas forças têm feito essas questões ecoarem com uma urgência cada vez maior.

Vivemos em uma época na qual o centro não está apenas cedendo, mas também se dobrando e sendo distorcido pelos extremos da direita etnonacionalista e da esquerda anticolonialista. A cada dia que passa, ao que parece, a fé nas instituições e ideias liberais — o respeito à liberdade de expressão e às discussões intelectuais, a fé na sociedade aberta e no valor da imigração, a confiança nas instituições democráticas, a admiração pelo conhecimento e pela razão — fica mais deteriorada.

Vivemos em uma época na qual o consenso da política externa — o compromisso bipartidário com a Otan e a ordem liberal internacional — vem sendo minado por neoisolacionistas, como a democrata Tulsi Gabbard e o republicano Rand Paul, que buscam uma reestruturação fundamental do papel dos Estados Unidos no exterior, incluindo sua duradoura aliança com Israel.

E, o que talvez seja o mais apavorante, vivemos em uma época na qual a periferia lunática da população se tornou dominante, um processo que contou com o apoio e a incitação dos nossos políticos e se espalhou como um vírus pelas redes sociais graças a norte-americanos comuns.

Cada vez mais, os judeus têm se tornado um povo à parte. Somos forçados a firmar sérios compromissos para nos encaixarmos nas tribos políticas ou permanecermos politicamente desabrigados. Somos colocados uns contra os outros por pessoas que consideram apenas alguns de nós como "bons judeus", dignos de confiança e aceitação. E fazemos a mesma coisa uns com os outros para demonstrar aos nossos aliados políticos que somos suficientemente puros.

Talvez nada ilustre de forma mais crua o nosso quadro sombrio do que o momento em que Donald Trump, em julho de 2019, disse a quatro mulheres congressistas — três das quais nascidas nos Estados Unidos, e a outra cidadã naturalizada que jurou sobre a Constituição — que "voltassem" para "os lugares completamente falidos e infestados de crimes dos quais vieram". Ao fazer isso, o presidente estava liberando as mesmas forças horríveis e tribais que levaram os franceses antissemitas a dizer para Finkielkraut voltar para Israel, forças que a América foi criada para neutralizar. A hipótese racista de Trump de que aquelas congressistas têm a lealdade dividida incluiu uma defesa de Israel, mas isso não ajuda em nada o Estado judeu. E, embora algumas daquelas mulheres que ele difamou tenham flertado com situações de lealdade dividida no que se refere aos judeus ou ao apoio do Congresso ao Estado judeu, aproveitar-se da noção insidiosa do pertencimento provisório não é uma forma de se derrotar a ideia sinistra que há muito tempo tem sido usada como uma arma contra os judeus. Aqui, como tantas outras vezes antes, o povo judeu e Israel são usados como ferramenta, dessa vez por um presidente ávido por disfarçar o próprio racismo.

Esse precário estado de coisas me remeteu a uma passagem das memórias de Joachim Fest de sua infância em Berlim, *Ich Nicht* [*Eu Não*], na qual ele se lembra do pai, um católico sincero e antinazista irredutível, implorando aos seus amigos judeus para que deixassem a Alemanha na década de 1930. O pai de Fest louvava esses amigos judeus ao máximo: "Em sua autodisciplina, sua tranquila civilidade e seu brilhantismo não sentimental, eles foram os últimos prussianos". Tinham "apenas um defeito", ele disse, "que se tornou a sua perdição: sendo esmagadoramente governados por suas cabeças, perderam, na tolerante Prússia, o senso de perigo que os preservou através das eras".

Graças a Deus, não vivemos na Europa da década de 1930. Mas temo que os judeus norte-americanos, julgando ser uma diáspora à parte, perderam seu — nosso — senso de perigo.

Outros escreveram histórias magistrais sobre os males do antissemitismo. Meu primeiro objetivo aqui é fazer-nos acordar, é nos ajudar a recuperar o que o pai de Fest acertadamente temia que seus amigos tivessem perdido. Se os anos sangrentos que se seguiram ao seu alerta oferecem provas incontroversas de alguma coisa, é de que o que começa com judeus nunca termina com eles.

Não penso que o melhor uso do tempo e da atenção de uma minoria seja se concentrar naqueles que a odeiam. Mas penso que seja essencial entender e analisar essa doença da mente em suas diversas combinações, pois compreender o antissemitismo é se vacinar contra uma ideologia que não resiste ao pensamento crítico. Entender o antissemitismo é também o primeiro passo para o combater. E precisamos combatê-lo.

É importante, logo de saída, entender os riscos dessa luta. O objeto de nossa proteção não é apenas o povo judeu. É a saúde e o futuro de uma nação que prometeu ser uma Nova Jerusalém para todos aqueles que a buscassem.

Sei que muito do que escrevo aqui não vai angariar fãs para mim, muito menos entre os conformados da minha própria comunidade que acham que a solução para os nossos problemas atuais é atuar nos bastidores, participar de conselhos, criar ainda mais grupos de debates para processar e discutir e voltar atrás e criar consensos e fazer a diferença ao longo de muitos anos e décadas. Se tiverem sorte. Isso tampouco me trará elogios dos que temem ser ridicularizados por terem as opiniões erradas por aqueles que eles consideram mais esclarecidos.

Que assim seja.

Este livro é para qualquer pessoa, judia ou gentia, que esteja preocupada não com o que está na moda, mas com o que é verdadeiro. Este livro é para qualquer pessoa, judia ou gentia, que ama a liberdade e quer protegê-la. É para qualquer pessoa, judia ou gentia, que não pode ignorar o que está germinando nesse país e no mundo e quer fazer algo a respeito.

Não é algo novo que uma judia veja uma tempestade se formando e escreva para alertar sobre a sua ameaça. Mas é uma velha tradição que eu não pensei que precisássemos assumir neste novo século.

E, no entanto, aqui estou eu — uma judia, uma norte-americana, uma sionista, uma orgulhosa filha de Pittsburgh —, elevando o velho-novo grito com toda a minha força e torcendo para que, nesse chamado, você ouça algo que não lhe dará outra escolha além de se juntar a essa luta.

CAPÍTULO 2
Uma Breve História

QUALQUER LUTA SÉRIA começa pela avaliação do oponente. Quais são os seus pontos fortes? Suas vulnerabilidades? Seu estilo de combate? Quem conseguiu vencê-lo e quem foi derrotado?

O antissemitismo é abastecido pelos maliciosos, mas, com frequência, é alimentado pelos bem intencionados. Combatê-lo significa ser capaz de reconhecê-lo com precisão e descrevê-lo.

O primeiro passo para entender o antissemitismo é compreender que esse inimigo em particular não é uma pessoa ou mesmo um grupo de pessoas. Não é sequer uma ideia palpável ou uma teoria singular. É uma visão de mundo cuja forma sempre muda e que escapa justo quando você pensa que conseguiu encurralá-la, e que, ao fazer isso, sempre se coloca um passo à frente de quem tenta derrotá-la.

O segundo passo é saber que, na verdade, nunca fica claro a que essa multifacetada visão de mundo se opõe. Às vezes, ela parece determinada a eliminar uma religião. Em outras ocasiões, busca apagar uma cultura ou destruir um grupo específico de pessoas, ou erradicar um Estado. Isso leva a outras complicações: o que exatamente o antissemita está atacando? Em outras palavras: o que é exatamente o judaísmo?

A maioria dos norte-americanos, incluindo muitos norte-americanos judeus, entende que o judaísmo é uma religião ou uma etnia, pois estas são as categorias modernas por meio das quais compreendemos a maior parte do mundo. Cristianismo é uma fé. Latino é uma etnia. E assim por diante. Mas o judaísmo (e as forças que se opõem a ele, que hoje chamamos de antissemitismo) é muito anterior e, por isso, não se encaixa em nenhuma dessas categorias construídas há bem menos tempo, não obstante o quão agressivamente alguns tentem encaixá-lo nelas.

O judaísmo não é apenas uma religião e não é meramente uma etnia. O judaísmo é um povo. Mais especificamente, é um povo com uma língua, uma cultura, uma literatura e um conjunto específico de ideias, crenças, textos e práticas legais. Uma palavra para isso é civilização. Outra é tribo. Contudo, tente se identificar como membro de uma tribo hoje em dia e, muito compreensivelmente, você receberá uma testa franzida como resposta.

Em grande medida, essa enorme incompreensão acerca do judaísmo pode ser vista como um resultado do fato feliz de que os judeus têm sido amplamente aceitos nos Estados Unidos. Muitos judeus norte-americanos não têm nenhuma compreensão histórica da própria origem. Eles consideram que o judaísmo é uma religião. Talvez descrevam a si mesmos como parte de um povo com uma paixão especial por Jerry Seinfeld e homus. O que é verdade, até certo ponto. Mas isso *é pouco*.

Em épocas comuns, essa incompreensão sobre a definição de judaísmo e do povo judeu não é tão importante. Não há problema que ela continue obscura, porque tem pouca influência na vida cotidiana de qualquer indivíduo. Contudo, em épocas de antissemitismo crescente, ela começa a se tornar muito importante, porque não *é possível* se defender de algo se você tem apenas uma vaga compreensão de quem é e do que está enfrentando.

Tome como exemplo o mal-entendido, comum hoje em dia, de que o antissemitismo é uma forma de racismo. Uma das razões pelas quais o antissemitismo é entendido como racismo contra os judeus é que o racismo está no centro do diálogo dos Estados Unidos em si. A escravidão é a maior vergonha e a maior injustiça da história americana, a maior correção de um erro foi a sua abolição; e uma das maiores lutas contemporâneas é a persistência da desigualdade racial.

Além disso, os judeus sempre tiveram inclinação para adotar os costumes culturais das sociedades que integram. Temos, de forma intencional ou não, descrito a nossa própria história e a nossa própria identidade de uma forma um tanto distorcida a fim de nos tornarmos compreensíveis para os nossos vizinhos. Assim, em alguns contextos, permitimos ser compreendidos como uma religião. Dessa forma, com frequência, permitimos ser compreendidos como uma etnia.

A questão é que, se o antissemitismo é uma forma de racismo contra uma minoria, e os judeus norte-americanos são, em grande parte, vistos como brancos, então a pergunta contemporânea sobre os judeus dos Estados Unidos é: onde eles estão na hierarquia da opressão racial?

A resposta — perfeitamente lógica — é "lá embaixo". Isso é historicamente verdadeiro: havia leis em Maryland dizendo que judeus não podiam ocupar cargos públicos? Sim. Isso era mesma coisa que os seres humanos comprados e vendidos como propriedade nos Velhos Estados do Sul? Absolutamente não. E é verdade que atualmente os judeus são barrados em alguns clubes de campo? Sim. Mas os judeus são separados dos demais e discriminados, inclusive pelas forças policiais, por causa de uma característica física imutável? De forma alguma. Se o antissemitismo é apenas uma subcategoria do racismo, então, pelos padrões dos Estados Unidos, ele é, com razão, bem menos acentuado do que o racismo contra os negros. E, por conta disso, é uma prioridade menos urgente.

Dizer que o antissemitismo é uma forma de racismo é problemático por outros motivos, inclusive porque "branqueia" o povo judeu. Ignora-se o fato de que mais da metade dos judeus de Israel, a maior comunidade judaica do mundo, é *mizrahim*[1] (de ascendência norte-africana ou do Oriente Médio). E despreza-se a realidade de que 12% a 15% dos judeus norte-americanos são pessoas de cor, segundo o Jews of Color Field Building Initiative.

Claro que existe preconceito contra os judeus. E esse preconceito se apresenta de forma muito similar ao preconceito racial. Foi esse preconceito que impediu que os nossos avós se matriculassem nas universidades da Ivy League, que os levou a mudar o próprio nome, e assim por diante. Embora o preconceito antijudaico seja ofensivo, inconveniente e doloroso para a vida de indivíduos judeus, ele faz pouca diferença para a sobrevivência do judaísmo e do povo judeu. Já o antissemitismo, cujo objetivo supremo é a eliminação do judaísmo e do povo judeu, faz muita diferença.

Vejamos uma maneira de pensar a respeito disso: o preconceito antijudaico pode partir de um gentio que prefira que sua filha não se case com um judeu. Mas isso não significa que ele acredite que os judeus sejam uma força nefasta que exerce um controle secreto sobre o nosso governo — isso é antissemitismo. O preconceito antijudaico pode levar um casal não judeu a desejar que judeus não se mudem para a casa vizinha. Mas isso não quer dizer que eles acreditem que banqueiros judeus manipulam

---

[1] Plural de *mizrahi*, palavra hebraica que significa "oriental". (N.T.)

a economia global — isso é antissemitismo e, nos dias de hoje, é uma expressão bastante comum disso.

Se o antissemitismo não é apenas uma espécie de preconceito, embora possa ter efeitos similares, *o que ele é?*

Em seu famoso ensaio "Antissemita e Judeu", Jean-Paul Sartre insiste em afirmar que o antissemitismo não opera pelas regras normais da lógica, mas "deriva da lógica da paixão". Peter Hayes, um historiador do Holocausto, explicou o antissemitismo de forma inteligente, como "uma espécie de superstição", uma vez que não tem fundamento, mas é tão duradouro quanto o hábito de bater na madeira. Penso nele como uma teoria da conspiração que sempre muda, segundo a qual os judeus têm o papel de protagonistas em espalhar o mal pelo mundo.

Enquanto racistas, homofóbicos ou misóginos têm a percepção de que batem de cima para baixo, os antissemitas com frequência veem a si mesmos como se batessem de baixo para cima. Aos olhos do racista, a pessoa de cor é inferior. Aos olhos do misógino, a mulher é algo sub-humano. Aos olhos do antissemita, o judeu é... tudo. O judeu é qualquer coisa que o antissemita precise que ele seja.

O antissemitismo é muito bem-sucedido em transformar os judeus no símbolo daquilo que qualquer civilização define como as suas qualidades mais sinistras e ameaçadoras. Quando você olha através dessas lentes sombrias, pode entender como, sob o comunismo, os judeus eram os capitalistas; como, sob o nazismo, os judeus eram aqueles que contaminavam a raça. E, hoje, quando os maiores pecados são o racismo e o colonialismo, Israel, a nação judia entre as nações, é demonizado como o último bastião do colonialismo branco e racista — uma força maligna sem igual não apenas na região, mas em todo o mundo. Qualquer que seja o papel para o qual "os judeus" são necessários, bem, esse é o papel que eles são forçados a desempenhar.

A lógica do antissemitismo é bem diferente da lógica da xenofobia ou do racismo. Não se trata apenas de uma forma de ódio que acontece de ser direcionado aos judeus em vez de às lésbicas, aos coreanos ou aos canhotos. O antissemitismo é uma grandiosa teoria unificada sobre tudo. Como Édouard Drumont, o pai do moderno antissemitismo francês, colocou em seu livro *La France juive* ["A França judaica"], de 1886, três anos antes de fundar a Liga Antissemita de seu país: "Tudo vem do judeu; tudo retorna para o judeu".

Os racistas não acreditam que as pessoas que têm mais melanina controlam secretamente o planeta; eles acreditam que elas são sub-humanas. Ambos os conjuntos de crenças são hediondos e paranoicos. Apenas um deles é uma teoria conspiratória global.

Talvez o historiador britânico Paul Johnson capture isso de forma mais acurada ao chamar o antissemitismo de doença intelectual. Ele é um vírus do pensamento altamente infeccioso e profundamente enraizado no DNA da cultura ocidental. Isso talvez soe aterrorizante e determinista. Mas amplie a metáfora, e ela parecerá mais palatável. Pessoas saudáveis carregam muitas e muitas viroses no decorrer do tempo. Se você for saudável, abrigará essas viroses sem desenvolver nenhum sintoma. É apenas quando está sob um grande estresse que o sistema imunológico falha e você começa a adoecer. E o vírus, até então dormente, começa a se revelar.

Ocorre a mesma coisa em nossa cultura. Quando o sistema imunológico da nossa sociedade está saudável e funcionando normalmente, o vírus do antissemitismo é mantido sob controle. Mas, quando o sistema imunológico da nossa sociedade se enfraquece — o que está acontecendo agora mesmo, e de forma dramática —, o vírus se revela, como já ocorreu tantas outras vezes em algumas das culturas aparentemente mais civilizadas do planeta.

—

Em geral, a doença antissemita que encontramos hoje nos Estados Unidos e no Ocidente é o resultado de milhares de anos de mutações.

Outras pessoas bem mais inteligentes e com mais conhecimento do que eu escreveram livros sobre cada versão da doença antissemita. (*Semites and Anti-Semites*, de Bernard Lewis, é particularmente indispensável.) Meu foco aqui é em suas manifestações atuais. Para o judeu hassídico que foi surrado por jovens em Crown Heights, ou para o estudante judeu que recebeu uma ordem de despejo de seu dormitório por ativistas antissionistas, ou para o rabino que perdeu um dedo ao levar um tiro de um neonazista adolescente, a linhagem específica dessa doença que motivou seus algozes não tem muita importância. Independentemente do que estava no coração ou na mente do antissemita, o nariz do judeu sangra.

Penso na família Dahan, que, em 2014, mudou-se de Sderot, Israel, para Mira Mesa, Califórnia, para fugir dos constantes ataques de foguetes lançados pelo Hamas a partir da Faixa de Gaza. Durante a primeira Páscoa dos Dahan nos Estados Unidos, suásticas foram pichadas em sua garagem. Por um tempo, os cinco membros da família dormiram em um só quarto com a porta trancada, armados com facas e bastões de beisebol. Então, em abril de 2019, no último dia da Páscoa, Noya Dahan, de oito anos, foi à sinagoga Chabad, em Poway, e voltou com estilhaços em suas pernas e bochechas. Seu tio, que viera de Israel para visitar a família, levou um tiro na perna. "Viemos do fogo para o fogo", disse Israel Dahan, pai de Noya, sobre a situação. Em um dos casos, o terrorista era um supremacista branco. No outro, os terroristas eram muçulmanos. Todos queriam fazer a mesma coisa com a família Dahan.

Ou penso na família Reijnen. Os Reijnen deixaram Roterdã, onde o antissemitismo se tornou um traço habitual da vida, e se mudaram para Israel porque acreditavam que "... a vida em Israel será melhor para os nossos filhos. Somos judeus e queremos viver em uma comunidade judaica". Hoje, a família vive no *kibutz* Nahal Oz, a menos de um quilômetro da Faixa de Gaza. No último mês de maio, foram oficialmente inseridos na vida da vizinhança quando sua casa foi atingida por um foguete lançado da Faixa. No fim das contas, o antissemitismo, não importa de onde venha, tem o mesmo destino em mente para os judeus.

No entanto, para que despertemos para a violência sofrida por famílias como essas, precisamos vascular rapidamente o que herdamos em nosso DNA cultural.

—

As raízes do antissemitismo são antigas e localizadas no mesmo lugar em que os judeus foram escravizados: o Egito. Os estudiosos põem boa parte da culpa em um pagão – um sacerdote egípcio chamado Mâneto. Sua teoria conspiratória antissemita original, concebida em torno de 300 a.C., foi uma resposta à história judaica do Êxodo em uma época na qual a comunidade judaica de Alexandria era a maior do mundo. A história de Mâneto era bem diferente da narrativa bíblica, na qual Deus liberta os israelitas, levando-os da escravidão no Egito para a liberdade. O sacerdote insistia que os judeus do Egito eram, na verdade, leprosos que assumiram o controle do país e lançaram um reinado de terror sobre o povo. O Egito foi salvo apenas graças a um rei egípcio que, vindo do exílio, matou os judeus doentes e baniu de suas terras aqueles que sobreviveram.

Segundo o professor Moshe Sharon, da Universidade Hebraica, "a história de Mâneto foi concebida para negar tudo o que houvesse de positivo sobre os judeus". Na Bíblia, os judeus são um povo com ética e crenças distintas. No livro, são leprosos. Na Bíblia, um Deus todo-poderoso, capaz de abrir um mar, liberta os escravos porque os escolheu. Na história revisionista de Mâneto, eles são sumariamente expulsos por um rei.

Não era apenas a história radical do Êxodo que incomodava esses antigos egípcios. Em seu livro brilhante *Anti-Judaism*, o professor David Nirenberg, da Universidade de Chicago, escreve sobre um decreto emitido pelo rei Dário II mais de cem anos antes de Mâneto. No decreto, o rei ordenava que os egípcios de Elefantina ficassem longe dos judeus durante a Páscoa, a festa anual que celebra a libertação dos israelitas. Por quê? Muitos estudiosos acham que os sacerdotes egípcios se ofendiam com o ritual da Páscoa judaica, em que um cordeiro era sacrificado como oferenda. É uma explicação que faz muito sentido, uma vez que os egípcios adoravam um deus-carneiro.

Mas Nirenberg oferece uma resposta que, a meu ver, é mais convincente, embora sugira um choque civilizacional mais profundo. "Os egípcios se ofendiam não apenas com o sacrifício, mas também com a própria natureza da celebração da Páscoa como uma recriação do Êxodo do Egito", ele escreve. "O que, para os judeus, era uma comemoração da libertação e da vitória do monoteísmo sobre a idolatria, para os egípcios era uma celebração ofensiva da destruição do Egito e da derrota de seus deuses."

Em outras palavras, o sacrifício não era o principal problema. O problema era que a história radical do Êxodo minava toda a estrutura ideológica da cultura egípcia. A história judaica expunha os ídolos e deuses do Egito como impotentes. A história judaica expunha a escravidão como um mal e insistia na liberdade humana. Centenas de anos antes do nascimento de Jesus, os judeus eram recrutados para uma guerra de ideologias religiosas e culturais.

O cristianismo primitivo alterou o campo de batalha. Se, no Egito, os judeus rejeitavam o paganismo, agora eles eram o povo que não só rejeitou o próprio Messias como conspirou com o Império Romano para matá-lo. De fato, a história apresentada nos Evangelhos é o modelo de uma teoria da conspiração dos judeus como manipuladores nefastos que continua a ser expressa nos dias de hoje: a habilidade de uma pequena minoria de usar suas artimanhas e sua proximidade com o poder para enganar os outros a fim de atingir seus objetivos perversos.

Afinal, no Novo Testamento, é um pequeno grupo de judeus aparentemente sem poder algum que convence Roma, então a força mais poderosa do mundo, a fazer o que queriam: matar Cristo. Pôncio Pilatos, o governador romano, fala aos judeus sobre Jesus no Evangelho de João: "Tomai-o vós mesmos, e julgai-o conforme vossa lei". Mas os judeus chutam a decisão de volta para Pilatos: "Não nos é permitido condenar ninguém à morte". E, assim, Pilatos toma a atitude em nome deles.

No Evangelho de Mateus, as implicações dessa manipulação são explicitadas: "O seu sangue caia sobre nós e sobre nossos filhos", dizem os judeus – uma fala que tem sido tão historicamente destrutiva que nem mesmo o antissemita convicto Mel Gibson a traduziu nas legendas em inglês de seu filme *A Paixão de Cristo*, embora ela seja dita em aramaico. (Não por acaso, o assassino de Pittsburgh citou João 8,44 no Gab, escrevendo a respeito dos judeus: "Vós sois do diabo, vosso pai".)

As razões para demonizar os judeus devem ter parecido lógicas para os primeiros evangelistas, assim como, depois, foi lógico para o Islã mudar a direção para a qual olham os muçulmanos ao rezar, depois que as tribos judaicas de Medina rejeitaram o profeta Maomé. Tanto os evangelistas como os muçulmanos tentavam se dissociar do judaísmo enquanto construíam os seus próprios alicerces. Para criar um novo fenômeno e distingui-lo de uma tradição mais antiga, precisavam traçar linhas fortes. O mero fato de que os judeus continuaram e existir no mundo como judeus era uma afronta à ideia cristã mais fundamental, de que o Messias havia, de fato, vindo.

A minha intenção aqui não é culpar milhares de anos de doutrina cristã – de forma alguma – ou sugerir que, porque a civilização ocidental cresceu a partir dessas raízes, ela está de algum modo e fundamentalmente condenada. Quero apenas salientar a profundidade histórica e intelectual da conspiração antijudaica. Se a Bíblia cristã é o livro mais importante da civilização ocidental, e Jesus é a figura mais importante dessa civilização, a rejeição a ele e a sua mensagem pelos judeus significa que o antissemitismo está embutido nas próprias fundações do mundo que habitamos.

O velho dito antissemita, que desde então vem sendo encarado por alguns judeus como uma piada macabra, é assim: se todo mundo odeia os judeus, talvez eles estejam fazendo algo de errado. Para o antissemita, o "talvez" *é* supérfluo – é óbvio que eles estão fazendo algo de errado. Mas, inadvertidamente, a resposta antissemita também contém alguma verdade. Os judeus *estão fazendo* alguma coisa. Não algo de errado, é claro, mas alguma coisa diferente. As ideias iconoclastas que levaram os egípcios a criar uma história revisionista continuam iconoclastas milhares de anos depois. A boa-má notícia é que a natureza radical da história judaica ainda tem o poder de levar as pessoas à loucura.

—

Os judeus não tiveram poder político nos muitos séculos que se seguiram à morte de Cristo e à destruição do Segundo Templo em Jerusalém pelos romanos, em 70 d.C. Eles não podiam ter propriedades; eram proibidos de exercer a maioria das profissões; não podiam ocupar cargos públicos ou se casar com alguém de fora da tribo. E, no entanto, uma e outra vez, enfrentaram novas variações da acusação de mancomunar com os romanos para matar Cristo — de puxar as alavancas do poder e semear o terror em sociedades nas quais eles eram, na verdade, cidadãos de segunda classe.

Eu poderia encher mil páginas detalhando cada uma dessas conspirações e as carnificinas que vieram em seguida. Considere apenas um exemplo. No século XIV, os verdadeiros culpados pela peste bubônica, que se espalhou pela Europa e matou dezenas de milhões de pessoas, foram os ratos que chegaram ao continente em um navio egresso da Crimeia. Mas os judeus foram culpados de espalhar a doença envenenando poços de água. De fato, alguns historiadores disseram que os judeus sucumbiam à peste em número inferior ao de seus vizinhos. Isso provavelmente se deu porque seus rituais religiosos — lavar as mãos antes de comer o pão; tomar banho antes do Shabat — também eram higiênicos e os tornavam menos suscetíveis à doença.

Ninguém pensou em imitar as práticas dos judeus. Em vez disso, houve massacres em mais de sessenta comunidades judaicas pela Europa afora. Em 9 de janeiro de 1349, quase a totalidade da comunidade judaica da Basileia, na Suíça, foi forçada a entrar em uma grande casa de madeira, em uma ilha do rio Reno. Ali, naquela casa de madeira, seiscentas almas foram queimadas vivas. Os poucos judeus poupados foram crianças forçadas a se converter.

No século XV, segundo os nossos inimigos, o judaísmo estava se tornando algo que não poderia ser eliminado nem mesmo por meio da conversão.

O antissemitismo religioso estava se transformando. Agora, era mais uma questão de sangue do que de crença. Durante a Inquisição Espanhola, os judeus convertidos sequer eram chamados de cristãos; eles eram chamados de convertidos[2], uma vez que jamais poderiam ser considerados inteiramente cristãos. Algo neles nunca seria completamente assimilado. A noção de raça só seria conceitualizada séculos mais tarde, mas as sementes do antissemitismo racial que depois seria aperfeiçoado pelos nazistas foram plantadas nesse período fatídico.

Mergulhe nos eventos de qualquer um dos séculos seguintes — ou investigue os nomes mais destacados — e você encontrará traços dessa doença que evoluía rapidamente.

No ensino médio, aprendi que Martinho Lutero foi o gênio por trás da Reforma Protestante, o homem que enfrentou a todo-poderosa Igreja Católica. Mas não aprendi que, quando os judeus se recusaram a adotar o seu cristianismo, ele se voltou ferozmente contra eles. Em um panfleto de 1543, *Os Judeus e Suas Mentiras*, ele chama os judeus de "venenosos, amargos, vingativos, serpentes traiçoeiras, assassinos e filhos do demônio", e oferece algumas recomendações políticas para lidar com tal escória. "Queimem suas sinagogas e escolas" para "honrar" a Deus, de tal forma que "Deus possa ver que somos cristãos". Suas casas devem ser "arrasadas e destruídas" e "todos os livros de orações e escritos talmúdicos, nos quais tantas mentiras, idolatrias, maldições e blasfêmias são ensinadas, devem ser tirados deles".

O Iluminismo talvez tenha destituído Deus e o poder da Igreja, mas nem sempre era a Idade da Razão. Nos séculos XVIII e XIX, o ódio religioso contra os judeus se transformou outra vez. Agora, era possível ser antissemita sem qualquer justificação religiosa. Foi o advento do antissemitismo social, político e nacionalista.

Em 1771, menos de vinte anos antes de George Washington escrever para os judeus de Rhode Island com garantias bíblicas, e antes que o fanatismo hiper-racional da Revolução Francesa devorasse o seu próprio país e o afogasse em sangue, Voltaire, que viria a definir o Iluminismo, escreveu o seguinte sobre os judeus: "Eles, todos eles, nascem com um fanatismo feroz em seus corações, da mesma forma que os bretões e os alemães nascem com cabelos loiros. Eu não ficaria nem um pouco surpreso se, cedo ou tarde, essa gente se tornasse mortal para a raça humana."

---

[2] Ou, ainda, de cristãos-novos ou marranos. (N.T.).

Em 1789, no mesmo ano em que a Constituição dos Estados Unidos entrou em vigor, o revolucionário Clermont-Tonnerre, falando em um debate sobre o status dos judeus na nova nação francesa, lançou as bases da ideia de que a nossa fé religiosa poderia ser separada do nosso senso de povo: "Devemos recusar tudo aos judeus como nação e conceder tudo aos judeus como indivíduos [...]. É repugnante ter no estado uma associação de não cidadãos, e uma nação dentro da nação."

Em 1843, menos de cem anos antes de a tentativa de livrar o mundo do capitalismo desencadear um assassinato em massa tão enorme que as vítimas ainda estão sendo contadas, Marx escreveu em "Sobre a Questão Judaica": "Em última análise, a *emancipação dos judeus* é a emancipação da humanidade do *judaísmo*".

Quando os nazistas e os comunistas chegaram, o antissemitismo não exigia nenhum fundamento religioso. Esses movimentos antissemitas seculares assassinaram mais judeus do que quaisquer antissemitas religiosos.

Mesmo o termo "antissemitismo" diz respeito à natureza em eterna evolução da conspiração antijudaica. Wilhelm Marr, um ativista e jornalista alemão, popularizou o termo em seu panfleto de 1879, "A Vitória do Judaísmo sobre o Germanismo". A palavra que era utilizada antes para se referir ao sentimento antijudaico era *Judenhass* ou "ódio aos judeus". Como Deborah Lipstadt escreve em seu livro *Antisemitism Here and Now* [*Antissemitismo Aqui e Agora*], a palavra não era suficiente, pois mesmo os judeus que se convertiam não podiam converter a sua natureza essencial, a sua alteridade essencial. A nova criação de Marr, *Antisemitismus* ou "Antissemitismo", ela observa, "tem uma conotação mais racial e 'científica' do que religiosa".

Lipstadt considera a palavra sem o hífen[3] – "antissemitismo" – como um modo de indicar que uma pessoa não é antissemita da mesma forma que é antivacina ou antiaborto, pois o próprio semitismo é uma construção, uma alegoria falsa, usada originalmente para descrever um grupo de línguas que surgiram no Oriente Médio.

David Nirenberg sugeriu que "antissemitismo" é um termo muito limitado porque se refere apenas ao preconceito contra as pessoas judias, e

---

[3] Em inglês (como em português antes da reforma ortográfica), a palavra é escrita com hífen: "anti-Semitism". O mesmo se dá com as palavras mencionadas a seguir, "anti-vaccine" e "anti-abortion". (N.T.)

não ao preconceito contra as ideias judaicas. O termo não consegue explicar por que, mesmo em culturas onde havia poucos judeus ou mesmo nenhum, eles ainda eram odiados intensamente. Como esse fenômeno não diz respeito, primariamente, aos indivíduos judeus, mas à própria ideia de judaísmo, de judaicidade e de povo judeu, ele argumenta que o termo "antijudaísmo" é uma forma muito melhor de descrever o que ele vê como uma estrutura essencial da civilização ocidental. "O antijudaísmo não deveria ser compreendido como algum cômodo arcaico ou irracional nos enormes edifícios do pensamento ocidental. Ele é, em vez disso, uma das ferramentas básicas com as quais esse edifício foi construído", escreve.

Nirenberg está inteiramente correto sobre a natureza abrangente e ideológica do problema. Mas eu continuo a chamar essa teoria da conspiração de "antissemitismo" porque quero ser bem e amplamente compreendida. No entanto, quando utilizo o termo, não me refiro apenas ao preconceito contra os indivíduos judeus. Eu o utilizo para descrever uma doença herdada culturalmente que não pode ser sanada com uma rodada de antibióticos.

Com isso em mente, não me surpreendo que, em 1894, quando um capitão do exército francês chamado Alfred Dreyfus foi falsamente acusado de revelar segredos militares para a Alemanha, gritaram "Morte aos Judeus" nas ruas. Tampouco é chocante que, em 1903, quando a polícia secreta czarista publicou as falsas minutas de uma reunião de judeus importantes, *Os Protocolos dos Sábios de Sião*, inúmeras pessoas acreditaram que eram autênticas. Ou que agora, décadas após ter sido revelada como uma falsificação russa, essa arenga ainda seja um *best-seller* em países como o Egito.

Se voltarmos à década de 1970, quando a União Soviética apoiou uma resolução das Nações Unidas declarando que o sionismo é racismo – proposta porque seus países-fantoches fracassaram em destruir o Estado de Israel –, você pode ver do que é que se tratava: o antissemitismo se transformando mais uma vez, baseando-se em suas raízes antigas ao mesmo tempo em que sequestrava a linguagem moderna do bem e do mal.

Quando populistas de direita na Europa e nos Estados Unidos acusam os judeus de trair a cultura cristã dominante ao apoiar os imigrantes e outras minorias, você ouve do além-túmulo os gritos daqueles apoiadores nazistas que, em fevereiro de 1939, reuniram-se no Madison Square Garden. E quando esquerdistas passam, sem esforço algum, da crítica à iniciativa dos assentamentos para a sugestão de que o Estado judeu é racista e não deveria existir, você sabe que estão inconscientemente repetindo uma peça da propaganda soviética.

—

Se o antissemitismo é uma teoria conspiratória sem base na realidade, existe alguma maneira de prever quando ele dará as caras? A regra geral é que o antissemitismo aumenta em tempos de grande insegurança e agitação. Quando há instabilidade ou mudanças inexplicáveis, o judeu é, com frequência, aquele a ser culpado. Não é coincidência, para escolher o exemplo mais óbvio, que a Alemanha das décadas de 1920 e 1930 passava por uma grave depressão econômica.

O problema com esse tipo de lógica é que corre o risco de justificar o antissemitismo. Pode muito bem ser o caso de que o líder da rebelião cossaca em meados do século XVII, Bogdan Khmelnitski, estivesse genuinamente frustrado com o opressivo domínio polonês e quisesse um estado para o seu povo. Mas isso não explica o hediondo derramamento de sangue agora conhecido por seu nome, em que, pela maioria das estimativas, cerca de cem mil judeus foram assassinados. Esses foram massacres nos quais, segundo um relato contemporâneo do rabino Nathan Hannover, os ventres de mulheres grávidas eram abertos a faca e os bebês, arrancados e substituídos por gatos vivos. Então, as mãos das mulheres eram decepadas para que elas não pudessem retirar os gatos de dentro de seus corpos.

Com frequência, há "razões" materialistas imediatas para o antissemitismo. Mas sugerir que uma sociedade recorre a elas em momentos específicos não diz nada sobre os judeus de carne e osso e o judaísmo, e diz tudo sobre a saúde daquela sociedade. Hoje em dia, infelizmente, a cultura em que vivemos está cada vez mais agarrada a esse tipo de coisa

Na extrema direita, os judeus são condenados como internacionalistas e menosprezados por serem insuficientemente brancos e por se recusar a renunciar aos valores universalistas. Esse antissemitismo é um antiglobalismo que regurgita muitos dos mais antigos lugares-comuns antissemitas, por mais que finja ser fervorosamente pró-Israel. O segundo tipo vem da extrema esquerda, que nega que os judeus sejam um povo e o nosso direito à autodeterminação, ao tratar Israel como um Estado inequivocamente diabólico. O antissemitismo antissionista se recobre com a linguagem dos valores progressistas — levantar-se em defesa dos oprimidos, proteger os desfavorecidos — mesmo quando os antissionistas abraçam as causas dos regimes e ideologias mais regressivos do planeta. Ambos colocam os judeus como um povo à parte, um povo que se organiza contra os interesses "do povo".

Em *The Jewish Review of Books*, a escritora Dara Horn aponta que as duas ameaças que enfrentamos hoje são, na verdade, muito antigas, remontando a dois feriados judaicos importantes: o Purim e o Hanuká. Todo antissemitismo, ela afirma, pode ser dividido em antissemitismo Purim e antissemitismo Hanuká.

"Na versão Purim, exemplificado pelos decretos genocidas dos persas no livro bíblico de Ester, bem como por ideologias mais recentes, como o nazismo e as diversas variantes atuais de islamismo radical, o objetivo do regime é inequívoco: mate todos os judeus", escreve Horn. "Na versão Hanuká, como no helenizado regime dos selêucidas, no século II a.C., que criminalizou todas as expressões do judaísmo, o objetivo ainda é eliminar a civilização judaica."

Esse é o problema do antissemitismo Hanuká. Ele pede aos judeus que participem da própria destruição. Eis por que "a versão Hanuká do antissemitismo — cujas aparições incluem a Inquisição Espanhola e o regime soviético — emprega, com frequência, os judeus como seus agentes", escreve Horn. "Esses judeus 'convertidos' renunciam abertamente a quaisquer aspectos da identidade judaica que são inaceitáveis para o regime em voga, declaram com orgulho sua lealdade à ideologia da vez e exortam de forma veemente os outros judeus a fazerem o mesmo. Essas pessoas são usadas como disfarce para demonstrar as boas intenções do regime — o qual, claro, não é antissemita, mas apenas exige que seus judeus joguem na privada milhares de anos de civilização judaica e deem descarga, em troca do prêmio de não serem tratados como lixo ou assassinados. Por alguns anos. Talvez."

Hoje, o antissemitismo Purim é, como sempre, claro e fácil de enxergar. É o assassino de Pittsburgh. É o Irã. São membros do Hamas como Fathi Hamad, que instou os palestinos da diáspora a matar judeus neste verão: "Todos vocês, sete milhões de palestinos espalhados pelo mundo, chega de preparação. Há judeus em toda parte, e nós devemos atacar todos os judeus do mundo, massacrá-los e matá-los, se Deus o permitir". O antissemitismo Hanuká, que pede aos judeus que cometam suicídio cultural, abandonem suas tradições e adorem falsos ídolos a fim de sobreviver, é mais insidioso. Você vê manifestações dessa trágica linhagem no que se tornou o Partido Trabalhista britânico e na esquerda ativista e acadêmica norte-americana. Nos capítulos seguintes, examinarei cada uma das versões dessa antiga enfermidade, bem como o antissemitismo do islamismo radical, o qual combina elementos tóxicos de ambas.

Lembre-se: é fácil pensar nos judeus como as únicas vítimas do ódio antissemita. Mas outra vítima bem maior é frequentemente ignorada: a cultura que facilita o antissemitismo. Tolerar o antissemitismo é tolerar mentiras. Uma cultura na qual o antissemitismo viceja é uma cultura na qual as verdades foram substituídas por mentiras.

Pense de novo em Ilan Halimi. A polícia francesa, os políticos franceses e a imprensa francesa tiveram de mentir sobre cada aspecto relativo ao seu assassinato e ao que ele significou a fim de sustentar as ficções que contavam a si mesmos acerca da sociedade francesa.

Com efeito, se você analisar as sociedades que abraçaram o antissemitismo, verá que elas enlouqueceram porque substituíram a realidade por uma teoria da conspiração. Nós, também, começamos a mergulhar na loucura.

CAPÍTULO 3
A Direita
—

DURANTE A JUVENTUDE, eu ouvia com atenção quando o meu avô falava sobre os Estados Unidos. Ele sempre insistia em afirmar que esse país era a sua terra prometida. Menino judeu pobre criado por uma mãe solteira, ele conseguiu conquistar o que costumávamos chamar, sem ironia, de sonho americano.

A visão do meu avô Jack era única: gerações de imigrantes do Leste Europeu chamavam esse lugar de *goldene medinah*, literalmente, "terra dourada". Mesmo que, no decorrer das últimas décadas, tenhamos nos adaptado aos guardas armados em nossos Centros Comunitários Judaicos e aos detectores de metal em nossas sinagogas, não penso que tenhamos acreditado em nenhum momento que essas medidas fossem algo além de precaução. Judeus de outros países tinham verdadeiros motivos para temer matanças que tinham como alvo escolas judaicas e templos. Nós éramos diferentes.

Então, veio Pittsburgh. A mensagem que ouvi de líderes comunitários e rabinos em minha cidade natal e em todo o país era de que o massacre não deveria mudar a maneira como vemos esse país. Aquilo foi um caso isolado. Os Estados Unidos continuavam sendo o que pensávamos que eram.

Era nisso que eles insistiam. Até o dia 27 de abril de 2019.

Pela segunda vez na história americana, judeus foram alvejados e mortos enquanto rezavam em uma sinagoga, dessa vez em Poway, Califórnia, no último dia da Páscoa, a celebração judaica da liberdade.

Mais uma vez, uma arma de guerra adquirida legalmente foi usada para caçar e abater pessoas em uma casa de orações. Mais uma vez, pessoas comuns demonstraram uma coragem fora do comum. Mais uma vez, a imprensa invadiu a cidade. Mais uma vez, uma comunidade estilhaçada enterrou seus mortos. Mais uma vez, houve vigílias à luz de velas, *hashtags* no Twitter e campanhas no GoFundMe. Mais uma vez, houve e-mails e editoriais expressando choque, indignação e sofrimento. Mais uma vez, prometemos: nunca mais.

Nunca mais até a segunda-feira seguinte, quando os jornais noticiaram que o FBI havia prendido Mark Steven Domingo, um veterano do exército de 26 anos de idade que se convertera ao islamismo e declarara que se inspirava no Estado Islâmico. Segundo o depoimento prestado aos federais, Domingo avaliou e planejou vários ataques, "inclusive tendo judeus, igrejas e policiais como alvos". Ele comprou pregos especialmente grandes para ter certeza de que os danos aos órgãos internos seriam os maiores possíveis quando suas bombas explodissem.

Esse abril em particular pareceu o mais cruel dos meses: três igrejas de afro-americanos foram queimadas na Louisiana, supostamente por obra de um incendiário branco. Um homem negro chamado Isaiah Peoples, veterano do exército, agora enfrenta oito acusações de tentativa de homicídio por jogar seu carro contra um grupo de pessoas porque elas eram muçulmanas. Quatro membros de uma família *sikh* foram mortos a tiros em sua casa, em Ohio, em um possível crime de ódio. Além desses horrores, está a violência "aleatória" ligada às armas, as balas direcionadas a qualquer ser humano vivo, sem discriminação. As oito pessoas mortas em Baltimore numa tarde de domingo. Os dois estudantes mortos e os quatro feridos na Universidade da Carolina do Norte, em Charlotte. É difícil relatar todos os detalhes repugnantes.

Contrariando a insistência do meu avô e as falas apaziguadoras dos líderes comunitários, estava claro que, após o ataque em Poway, os judeus — para não mencionar todas as outras pessoas vivendo em uma nação dividida, inundada de armas pertencentes a pessoas que podem se radicalizar à frente de telas de computadores — tinham motivo para sentir medo nos Estados Unidos.

E se a Brilhante Cidade na Colina se transformou em um país dilacerado pelo ódio, onde assassinatos em massa em locais públicos, perpetrados com armas automáticas, tornaram-se um espetáculo doentio de competição, a ser reprisado em noticiários de canais a cabo e nos pântanos febris dos fóruns virtuais? E se a história dos judeus nos Estados Unidos não for uma linha reta, movendo-se mais e mais gloriosamente rumo às alturas cada vez maiores do conforto, das conquistas e da compreensão, mas um pêndulo que se moveu para um lado e que, agora, move-se para o outro, rumo à escuridão do Velho Mundo que a geração dos meus avós jurava ter deixado para trás?

—

O ódio de John Earnest, o homem preso por apertar o gatilho de um AR-15 e matar Lori Gilbert-Kaye perto da sinagoga dela em San Diego, não tem nada de especial. Earnest, que alegou inocência, compartilha uma visão de mundo com Robert Bowers, o assassino de Pittsburgh, e Brenton Tarrant, o australiano que matou 51 muçulmanos enquanto rezavam em suas mesquitas na Nova Zelândia, em 15 de março de 2019. Todos são mentes aprisionadas que adoram o falso deus da branquitude.

Esses assassinos doentios — e suas legiões de fãs anônimos que rondam fóruns de discussão como 8chan e 4chan — são alimentados por uma crença na supremacia branca. Mais precisamente, eles são dominados pelo medo de que sua "branquitude" seja enlameada e diluída e eventualmente apagada pelas ondas de não brancos, norte-americanos não cristãos e imigrantes — uma apropriação engendrada, é claro, pelos diabólicos judeus, que manipulam os governos por meio do controle dos bancos, de Hollywood, da mídia e até das próprias fronteiras.

Passar muito tempo analisando as furiosas e pouco coerentes divagações online desses matadores, pontuadas por piadinhas internas concebidas para enganar a polícia e a mídia em sua procura por uma "explicação" para as suas ações, é cair na armadilha que eles armaram. Na verdade, seus gracejos irônicos e memes não importam. O que importa é que essas pessoas querem matar aqueles que ameaçam a sua visão de uma "América branca". Sobretudo os judeus.

Não tenho a menor vontade de viver no mundo deles. Mas a verdade é que, mesmo antes da matança em Pittsburgh, eu já vivia. Afinal, antes de Earnest e Bowers, houve Timothy McVeigh, que explodiu o prédio federal Alfred P. Murrah, na cidade de Oklahoma, matando 168 pessoas e ferindo mais de 680. Antes de McVeigh, houve um grupo identitário cristão chamado A Ordem, que promoveu uma série de assaltos, atentados a bomba e assassinatos pelo Oeste afora na década de 1980. Em 1959, George Lincoln Rockwell fundou o Partido Nazista Americano a partir dos restos de outras organizações pró-nazistas dos Estados Unidos, como os Silver Shirts e a German American Bund. Na década de 1920, turbas encapuzadas da Ku Klux Klan lincharam e assassinaram afro-americanos com a aparente aprovação de governos locais e estaduais. (O grupo tinha mais de dois milhões de membros naquela época.)

Se os neonazistas e os cristãos identitários — aqueles, como Earnest, que combinam o clássico antissemitismo medieval com o supremacismo branco norte-americano — são particularmente violentos, também são parte da penumbra de fanáticos e solitários, *haters* e perdedores, desordeiros da internet e arruaceiros da vida real, conhecidos coletivamente como a *alt-right*[1]. Eles são as pessoas que se reuniram em um parque de Charlottesville, em agosto de 2017, para o protesto "Unite the Right" ["Una a Direita"] e entraram em confronto com a polícia enquanto destilavam sua bile de supremacistas brancos.

A despeito de toda a atenção da mídia que essas pessoas recebem, elas ainda são os antissemitas mais marginalizados dos Estados Unidos, a maioria banida do Twitter e do Facebook, outros morando com os pais, como o organizador do protesto de Charlottesville, Jason Kessler. Mas nunca faltaram esses antissemitas nos Estados Unidos, e alguns deles são pessoas muito poderosas e proeminentes, que viam o sonho do meu avô com desprezo e encaravam os judeus não como americanos, mas como uma ameaça ao que a América deveria ser.

No começo do século XX, Leo Frank, gerente de uma fábrica em Atlanta, foi condenado pelo assassinato de uma trabalhadora de 13 anos de idade chamada Mary Phagan em uma série de julgamentos que pareciam muito mais libelos de sangue medievais do que processos legais modernos. Frank foi sentenciado à morte. Mas, depois que o governador da Georgia comutou a sentença de Frank para prisão perpétua, uma gangue de cerca de 25 homens, autonomeada The Knighs of Mary Phagan [Os Cavaleiros de Mary Phagan], tirou Frank da prisão. Na manhã de 17 de agosto de 1915, eles o lincharam. Mais da metade dos três mil judeus que viviam na Georgia deixaram o estado.

Henry Ford, ao lado de Thomas Edison, foi o grande herói da era das máquinas na América, e também um virulento antissemita que pagou pela impressão e distribuição de *Os Protocolos dos Sábios de Sião* em todo o país,

---

[1] Abreviação de "alternative right", "direita alternativa", ala da extrema direita abertamente racista, sexista, antissemita, homofóbica, anti-imigração, islamofóbica e conspiracionista, entre outras coisas. (N.T.)

incluindo escolas. O jornal de Ford, *The Dearborn Independent*, era uma fonte primária de teorias conspiratórias antissemitas que culpavam os judeus por, entre outras coisas, engendrar a Primeira Guerra Mundial para ganhar dinheiro. Os judeus eram os inimigos da paz mundial, Ford e seus propagandistas ensinavam.

Na década de 1930, autoproclamados "Silver Shirts" e outros seguidores de Adolf Hitler desfilavam pelas ruas de grandes e pequenas cidades norte-americanas usando braçadeiras com suásticas e faziam grandes comícios em lugares como o Madison Square Garden, enquanto o padre Coughlin discursava contra a conspiração dos judeus para tornar os Estados Unidos comunistas por meio de seu controle de Franklin Roosevelt, mergulhando o mundo em outra guerra. Em 1938, semanas antes da *Kristallnacht*, o celebrado aviador norte-americano Charles Lindbergh foi agraciado com uma medalha nazista por Hermann Göring, em Berlim. Três anos depois, o ferrenho isolacionista fez um discurso para oito mil pessoas em Des Moines intitulado "Quem são os agitadores da guerra?", no qual declarou: "Os três grupos mais importantes que têm pressionado este país para entrar na guerra são os britânicos, os judeus e o governo Roosevelt".

Nos anos 1950, a KKK fez atentados a bomba e atirou em sinagogas no Sul, em uma onda de violência antissemita, por culpar os judeus pelo seu apoio ao movimento dos direitos civis. Em outubro de 1958, cinquenta bananas de dinamite explodiram na mais antiga sinagoga reformista de Atlanta, dirigida por um rabino que era um declarado opositor da segregação. Todos os cinco suspeitos eram membros de grupos antissemitas como o National States' Rights Party e os Knights of the White Camelia. Em setembro de 1967, a congregação Beth Israel, em Jackson, Mississippi, foi alvejada e bombardeada. Dois meses depois, atiraram bombas na casa do rabino da congregação, Perry Nussbaum, enquanto ele e sua esposa dormiam, embora ambos não tenham sofrido ferimentos graves. Como o rabino Jacob Rothschild, de Atlanta, Nussbaum era um ativista antissegregação.

Em 1977, o supremacista branco Joseph Paul Franklin matou um fiel e feriu outros dois em seu ataque à Congregação Brith Solomon Kneseth, em St. Louis.

Em 1984, em Denver, dois membros d'A Ordem assassinaram o famoso radialista Alan Berg. Quando questionados sobre por que escolheram Berg, um dos fundadores do grupo respondeu que ele "era tido como contrário aos brancos e era judeu".

Em 1999, os supremacistas brancos Benjamin Matthew Williams e Tyler Williams — irmãos — incendiaram três sinagogas em Sacramento, Califórnia.

Em 28 de abril de 2000, o supremacista branco Richard Baumhammers atirou nas janelas da Congregação Beth El, em minha cidade natal, Pittsburgh, e da Congregação Ahavath Achim (o nome pode ser traduzido como "amor fraternal"), a pouco mais de oito quilômetros de distância da primeira, em Carnegie, Pensilvânia. Ao final do dia, ele havia matado Anil Thakur, Ji-ye Sun, Theo Pham e Gary Lee, e deixado Sandeep Patel paralítico — todos de minorias raciais. Baumhammers iniciou o massacre no começo da tarde, quando invadiu a casa de sua vizinha, Anita Gordon, congregante da Beth El, matou-a a tiros e incendiou sua casa. Quando a polícia vasculhou a casa dele, encontrou um manifesto do assim chamado Free Market Party [Partido do Livre Mercado], de Baumhammer, que clamava pelo fim da imigração de pessoas não brancas.

Não há nada de novo em supremacistas brancos tendo judeus como alvos. O nosso medo real, após Pittsburgh e Poway, era de que os Estados Unidos tivessem sofrido alguma mudança fundamental.

A crença de que a América era capaz de se aperfeiçoar ou, pelo menos, de sempre se esforçar rumo a esse objetivo era um artigo secular da fé judaica americana, a justificação ontológica para os sacrifícios dos nossos avós e seu forte apego a um país cuja grandeza incluía a habilidade para melhorar, abandonar ódios provincianos e se tornar o farol da liberdade de que os fundadores falaram. Nós os relembrávamos e admirávamos, mesmo com seus pontos cegos, suas paixões e falhas, pois haviam vislumbrado essa possibilidade.

Agora, o nosso medo real era de que os *haters* outrora marginais — os neonazistas, os supremacistas brancos, os esquisitões e lunáticos que comemoravam massacres atrás das telas de seus iPhones — não eram mais marginais. Eles tinham se tornado os exemplares visíveis de um novo estilo político e cultural que destruiu um duradouro conjunto de normas sobre tolerância, decência básica e civilidade. Os discursos e comportamentos, que, até recentemente, eram restritos aos porões e quartos dos fundos, agora eram visíveis no Twitter e nos canais de notícias a cabo. E o 45º presidente dos Estados Unidos era um grande fã de ambos.

—

A intolerância e o antissemitismo na direita são muito anteriores a Donald Trump.

Tradicionalmente, havia dois tipos de antissemitas no Partido Republicano. Os primeiros eram os WASPs[2], que, por um tempo, comandaram o partido, e cuja influência ia além das firmas de advocacia de Manhattan e dos clubes de campo de Connecticut, chegando a um departamento de Estado que era congenitamente hostil a Israel. O segundo tipo era formado por republicanos católicos e da classe trabalhadora, cuja animosidade vinha de uma mistura de isolacionismo, nativismo e doutrina pré-Concílio Vaticano II.

No começo da década de 1990, era possível ver ambos. James Baker, secretário de Estado de George H. W. Bush, era um advogado da indústria petrolífera com laços estreitos no Golfo Pérsico que não tinha nenhuma afeição pessoal pelos judeus ou apreço declarado por Israel. "Fodam-se os judeus", ele supostamente disse. "Eles não votam na gente mesmo." Então, havia Pat Buchanan. Se o antissemitismo nos escalões superiores do Partido Republicano era meio disfarçado, em figuras como Buchanan, que foi adversário de Bush nas primárias de 1992, era possível encontrar as tendências mais sombrias do movimento. Como Lindbergh antes, ele sabia quem eram os culpados por arrastar os Estados Unidos para as guerras do Oriente Médio: "o Ministério da Defesa de Israel e seus defensores"[3] – ou seja, os judeus norte-americanos. A Colina do Capitólio, disse ele, era um "território ocupado por Israel".

O antissemitismo de Buchanan deve ser a única coisa com a qual William F. Buckley, da *National Review*, e Abe Rosenthal, do *New York Times*, concordavam. Mas o pior problema de Buchanan, como observou Charles Krauthammer em uma coluna de março de 1992, publicada pelo *Washington Post*, "não é que seus instintos sejam antissemitas, mas, sim, de várias e distintas maneiras, fascistas". Buchanan atacou Bush, chamando-o de "globalista", e disse que o país precisava de um "novo nacionalismo".

"Esse apelo descarado à exclusão racial e étnica colocou Buchanan de forma categórica na tradição de Jean-Marie Le Pen e de outros neofascistas

---

[2] Sigla para "white anglo-saxon protestant", "protestantes brancos anglo-saxões". (N.T.)
[3] Em sua fala original, Buchanan se referiu ao Ministério israelense e a seu "amen corner", isto é, aqueles que, segundo ele, diziam "amém", concordavam com quaisquer decisões e ações de Israel. (N.T.)

europeus, cuja plataforma é o ressentimento anti-imigração, o medo e a aversão do outro não assimilado", escreveu Krauthammer. No entanto, Buchanan foi honrado com o discurso de abertura da convenção nacional do Partido Republicano naquele ano. E ele estava vivo para celebrar a vitória do que a sua própria campanha para presidente chamou de "Make America First Again" ["Coloque a América em Primeiro Lugar Outra Vez"] quando Donald Trump chegou à Casa Branca.

Contudo, quaisquer que sejam as generalizações que se queira fazer sobre os republicanos ou a direita — termos que hoje abrangem uma parcela muito ampla e díspar de norte-americanos, dos libertários seculares aos evangélicos, dos banqueiros citadinos aos fazendeiros do Meio-Oeste, dos falcões da política externa aos isolacionistas radicais —, não há dúvida de que os recentes candidatos republicanos à presidência têm se esforçado para se apresentar como homens de fé que abominam todas as formas de fanatismo. Ninguém jamais acusou o presidente George W. Bush de socializar com antissemitas. Assim como a família Bush mudou e evoluiu, o Partido Republicano, e o restante dos Estados Unidos, parecia estar mudando e evoluindo.

Então, veio Trump. Racismo ocasional sempre foi parte de sua vida. Décadas antes de propagandear a mentira racista sobre o nascimento do presidente Barack Obama, Trump sistematicamente discriminava requerentes negros por intermédio de sua empresa imobiliária em Nova York.

Suas opiniões sobre os judeus eram mais complexas. Por um lado, sua filha e o marido dela são judeus religiosos; em 2016, ele se gabou de que Ivanka estava "prestes a ter um lindo bebê judeu" em seu discurso para o American Israel Public Affairs Committee (AIPAC), um grupo que faz *lobby* pró-Israel. Para muitos, ele parecia ser um filossemita, embora, como Deborah Lipstadt salientou de forma incisiva, um filossemita é apenas "um antissemita que gosta de judeus". (Como em: "Eu tenho um novo contador. Ele é judeu. Então, você sabe que ele vai fazer um bom negócio para mim".)

E, mesmo antes de Charlottesville, e antes de seu discurso inflamado sobre os imigrantes vindos de "países que são latrinas", Trump desceu naquele elevador dourado da Trump Tower para dizer aos eleitores que os imigrantes mexicanos estão "trazendo drogas" e "cometendo crimes", e são "estupradores". Desde o início, Trump personificava um estilo político desavergonhado e selvagem. Ele desprezou a civilidade e a decência como se fossem virtudes de gente idiota, e cultivou um clima de ódio e paranoia que já se provou mortífero.

Durante a primeira campanha presidencial de Reagan, em 1980, ele disse o seguinte sobre a KKK, que havia anunciado que o apoiava: "Não tolero o que a Klan representa e não quero ter nada a ver com eles". Quatro anos depois, quando o grupo racista fez a mesma coisa, o presidente foi ainda mais inflexível: "Aqueles dentre nós que se dedicam à vida pública podem apenas se ressentir do uso dos nossos nomes por esses que buscam reconhecimento político para as doutrinas de ódio que defendem", ele escreveu em uma carta de maio de 1984 para a comissão norte-americana dos direitos civis. "As políticas de ódio racial e fanatismo religioso praticadas pela Klan e por outros grupos não têm lugar nesse país e são destrutivas para os valores que a América sempre defendeu." Em contrapartida, em fevereiro de 2016, quando Jake Tapper, da CNN, perguntou a Trump se ele "condenaria inequivocamente" o apoio de David Duke e outros supremacistas brancos, Trump disse: "Bem, apenas para deixar claro, eu não sei nada sobre David Duke, ok? Não sei nada nem mesmo sobre isso que você está falando, sobre supremacia branca e supremacistas brancos... Não sei nada sobre David Duke, não sei nada sobre supremacistas brancos!".

Era uma mentira que o próprio Trump revelou como tal uma semana após essa entrevista à CNN, quando disse no programa *Morning Joe*, da MSNBC: "Eu o repudio. Eu repudio a KKK. Você quer que eu faça isso de novo pela 12ª vez?". Com o passar do tempo, será que aquele lapso entre a ignorância fingida e a denúncia relutante crescerá mais do que ele – ou algum outro político –, que decide que há mais a ser ganho pela recusa em nunca capitular ou se desculpar?

—

Não foi por acaso que os antissemitas foram atraídos pela bandeira de Trump: eles o reconheceram como um colega teórico-conspiracionista – e um colega disposto a flertar com os supremacistas brancos. Trump tocava os acordes maiores a partir dos quais esses extremistas podiam solar para seus seguidores.

Como outros populistas ao redor do mundo, Trump tinha respostas definitivas para aqueles norte-americanos que se sentiam deixados para trás. As forças e as pessoas que oprimiam os homens e as mulheres trabalhadores, ele dizia, eram os globalistas, os elitistas, o dinheiro, o poder e os interesses particulares. O que os Richard Spencers do mundo – os neonazistas e os supremacistas brancos – ouviam era "judeu, judeu, judeu". Fosse de propósito ou porque isso refletia sua *gestalt* íntima, Trump deu a eles razões suficientes para ouvir essa palavra.

Ele ainda dá.

"Vocês não me apoiarão porque eu não quero o seu dinheiro. Vocês querem controlar os seus políticos, e tudo bem", ele disse à Coalização Judaica Republicana em 2015. Em um discurso para a mesma organização em 2019, Trump se referiu ao primeiro-ministro israelense Benjamin Netanyahu como o "seu primeiro-ministro", uma óbvia (caso não tenha sido involuntária) acusação de lealdade dúbia por parte dos judeus. A respeito de seu ex-advogado Michael Cohen, que cooperou com a investigação de Robert Mueller, ele comentou: "Os judeus sempre viram a casaca".

Quando um homem com esse histórico se refere à manifestação Unite the Right em Charlottesville dizendo que "há pessoas muito boas dos dois lados", os supremacistas brancos percebem. Quando um homem com esse histórico diz, após o assassinato de 51 muçulmanos por um supremacista branco em Christchurch, Nova Zelândia, "Acho que isso é coisa de um pequeno grupo que tem problemas muito, muito graves", os *alt-rights* se animam com essa minimização. Dadas as constantes desculpas vindas de seus lacaios – o que ele disse sobre Charlottesville foi algo "próximo da maldita perfeição", declarou a descarada Kellyane Conway –, surpreende que a extrema direita veja um aliado nesse presidente e no Partido Republicano, que Trump refez à sua própria imagem?

Quando o presidente do partido de Lincoln louva Robert E. Lee como um "grande general", eles ouvem o chamado. Quando o presidente fala não sobre patriotismo, mas sobre nacionalismo, eles ouvem o chamado. Quando ele difama imigrantes e declara "América em primeiro lugar", eles ouvem o chamado de forma alta e clara.

Trump jamais elogiou a *alt-right*[4] publicamente, mas ele não precisa fazer isso. Declarações como essas são suficientes. Assim como era suficiente

---

[4] *"alt-right"* refere-se à fração da extrema direita dos Estados Unidos e de alguns países europeus que se caracteriza pela rejeição do conservadorismo "clássico" e pela militância em defesa dos brancos, do sexismo, do antissemitismo e do conspiracionismo, sendo contra a imigração e a inclusão dos imigrados.

a presença de Steve Bannon, o Rasputin político do presidente, que fez sua carreira política moldando e elevando a *alt-right* a uma força política. Primeiro, ele transformou o site Breitbart News no que chamou de "uma plataforma para a '*alt-right*'" — um espaço seguro para os demolidores de tabus, que alegremente anunciavam histórias como "crimes de negros". Então, ele alavancou o site para se tornar um veículo para eleger Trump e transformar o Partido Republicano em um instrumento contundente que se empenhava em retratar banqueiros e financistas judeus liberais como os manipuladores ocultos da vida americana.

Enquanto o falecido William F. Buckley, como editor da *National Review*, extirpou os antissemitas daquela que era então a publicação conservadora mais importante do país, em parte ao demitir um de seus editores mais importantes, Joe Sobran, quando ele contraiu a doença do ódio aos judeus, o Breitbart de Bannon brincou alegremente com fogo. "Não há no inferno fúria igual à de uma desprezada elitista polonesa, judia e americana", escreveram no site sobre a jornalista e historiadora Anne Applebaum. Bill Kristol, um escritor conservador anti-Trump, foi apelidado de "judeu renegado" pelo Breitbart. George Soros foi rotulado como "Mestre das Marionetes". A seção de comentários era, sem nenhuma surpresa, um esgoto aberto de intolerância.

Então, Steve Bannon ocupava um escritório ao final do corredor do Salão Oval, e o presidente Trump pressionava para que os muçulmanos fossem banidos, um plano concebido pelo seu estrategista-chefe. A história não avançava em linha reta. O pêndulo estava voltando.

Oito meses após o início do mandato, Bannon foi expulso da Casa Branca e, depois disso, Trump demonstrou pouco apetite para louvar publicamente os supremacistas brancos. Os comentaristas políticos raramente falam sobre os artigos do Breitbart, embora eles continuem tão tendenciosos quanto antes. Richard Spencer, que cunhou o termo "*alt-right*", declarou que a *alt-right* "fracassou" por não ser poderosa o bastante para ir além da periferia do partido.

Mas eu temo que o declínio da *alt-right* seja, na verdade, o começo de um movimento mais difuso e generalizado. A venenosa ideologia do movimento não sobrevive mais apenas nos fóruns do Breitbart e do Reddit visitados por guerreiros insatisfeitos do teclado. Ligue na Fox News e você ouvirá "especialistas" falando sobre o "Departamento de Estado ocupado por Soros". Em julho de 2019, o correspondente do Breitbart na Casa

Branca foi contratado pela própria Casa Branca. Enquanto isso, Bannon cruzava a Europa encontrando-se regularmente com homens como Nigel Farage e Viktor Órban, tentando instigar movimentos do tipo "sangue e solo" em países com um histórico efetivo dessas políticas.

Independentemente de se enxergar Trump como a causa principal das divisões cada vez mais fortes e violentas nos Estados Unidos, ou como um sintoma delas, ou como uma combinação de ambas as coisas, ele tem, a cada oportunidade, aumentado a temperatura em vez de diminuí-la. E, ao que parece, ele genuinamente tem saboreado seu papel de fomentador do caos e do conflito.

No fim, os sinais emitidos por Trump para seus cães são menos importantes do que a acusação mais ampla da qual ele é culpado: a remoção sistêmica do que meu colega Bret Stephens chamou de "barreiras morais que mantêm o extremismo afastado". Trump fez isso degradando as pessoas mais heroicas e frágeis de nossa cultura, instigando turbas furiosas, demonstrando desprezo pelo estado de direito e desdém pelas melhores tradições norte-americanas. Ele parece mesmo sentir prazer ao ouvir multidões espumando de raiva gritar "Joguem ela na cadeia!", sobre Hillary Clinton, e, mais recentemente, "Atira neles!", sobre imigrantes que cruzam a fronteira ao Sul. A esperança ingênua de que ele amadureceria no cargo de presidente agora parece uma piada doentia. Toda a sua personalidade é construída sobre a subversão da ordem, traindo os nossos aliados e abraçando os nossos inimigos, desprezando o conhecimento e flertando com os pântanos febris, e procurando romper os nossos laços afetivos já depauperados.

Se um homem que não vê utilidade no que temos de melhor é o líder do mundo livre, quem dirá quando ou como o caos vai parar?

—

O manifesto desconexo de John Earnest, o assassino de San Diego, é uma sopa tóxica de dois mil anos de antissemitismo. Às vezes, ele soa um pouco como Martinho Lutero, culpando os judeus por matar Cristo. Ele faz referência ao libelo de sangue mais célebre da história — quando a comunidade judaica foi culpada pelo desaparecimento e pela morte de Simão de Trento, uma criança de dois anos, e alguns de seus membros "confessaram" o crime sob tortura. Há parágrafos que parecem ter sido escritos por Joseph Goebbels: Earnest discursa furiosamente sobre o "feminismo" e a arte "degenerada" e culpa os judeus por sua "mistura racial", pelas suas "perversões sexuais" e por "vender pornografia". E há mentiras mais modernas: os judeus provocam guerras. Os judeus são culpados por "mentir e enganar o público por meio de seu papel exorbitante nos meios de comunicação". Eles controlam "toda a economia com o propósito de financiar o mal".

O assassino também adere ao que é chamado de teoria da Grande Substituição [*Great Replacement*], uma velha ideia repaginada por um filósofo francês de extrema direita chamado Renaud Camus em seu livro *Le Grand Remplacement*, de 2012, e agora em voga na extrema direita norte-americana e em toda a Europa. "A grande substituição é muito simples", disse Camus. "Você tem um povo, e, no espaço de uma geração, tem um povo diferente."

Essa é a ideologia por trás de uma declaração como essa, tuitada e depois repetida na televisão por Steve King, congressista republicano de Iowa: "Não podemos restaurar a nossa civilização com bebês alheios". "A Grande Substituição" era o nome do manifesto de 73 páginas do atirador de Christchurch.

Claro que a solução para o problema da "substituição" será a mesma que os antissemitas têm buscado desde sempre: matar os judeus. Mas, a cada época, novas conspirações devem ser conjuradas e novas justificativas, invocadas. Assim é o papel singular que os judeus desempenham na ideologia da substituição, do qual só tomei consciência após a manifestação *Unite the Right*, em agosto de 2017.

Esse evento foi um alerta devastador para aqueles que acreditavam que a ideologia venenosa da supremacia branca estava quase inteiramente restrita à periferia online dos lunáticos. Naquele dia, ela se tornou uma multidão. Quinhentas pessoas foram à Universidade da Virginia carregando tochas e perpetraram atos violentos reais no mundo offline, de carne e osso. Duas dúzias de manifestantes inocentes saíram feridos, e uma mulher de 32 anos, Heather Heyer, foi morta quando James Alex Fields Jr., um supremacista branco de 20 anos, jogou seu Dodge Chalenger contra um grupo de pessoas que protestavam contra a sua gangue.

Os supremacistas marcharam pelo campus gritando coisas previsíveis: "Sangue e terra", a tradução do *slogan* nazista "*Blut und Boden*", e "Vidas brancas importam". Mas eles também gritaram um *slogan* que eu jamais ouvira antes: "Judeus não nos substituirão".

A princípio, ouvi essa frase como, talvez, você tenha entendido: não permitiremos que os judeus tomem os nossos lugares — na universidade, nos melhores escritórios, onde quer que seja. Parecia algo direto. Mas eu não estava pensando suficientemente como um antissemita pensaria. Por trás do *slogan* "judeus não nos substituirão" está a antiga noção antissemita do judeu como um marionetista do mal, o demônio por trás das cortinas, puxando as cordas. Nesse caso, eles estão puxando em favor das pessoas negras e pardas. Como? Controlando políticos progressistas, organizando caravanas de imigrantes legais para irromper na fronteira ao Sul, e assim por diante. Era nisso, com certeza, que Earnest acreditava — "Eu morreria outras mil vezes para evitar o destino amaldiçoado que os judeus planejaram para a minha raça" — e que está no cerne da conspiração antissemita da direita.

A "lógica" é a seguinte: os brancos estão no topo. Negros e pardos estão na base. E os judeus ocupam a traiçoeira posição mediana. Eles podem parecer — e com frequência parecem — brancos. Mas, na verdade, são servilmente leais àqueles que estão na base. Assim, os judeus são os maiores traidores da raça branca, os inimigos raciais mais poderosos que os brancos têm.

É por isso que Erik K. Ward, veterano ativista antirracismo e diretor executivo do Western States Center, afirmou que o antissemitismo só será compreendido corretamente se for encarado como o "baluarte do sistema de crenças do nacionalista branco". Como ele escreve de forma vigorosa em seu ensaio "Skin in the Game: How Antisemitism Animates White Nationalism" ["Pele em Jogo[5]: Como o Antissemitismo Anima o Nacionalismo Branco"], os judeus, "a despeito e também pelo fato de serem, com frequência, vistos como brancos", são, na visão dos supremacistas brancos, "uma raça diferente, inassimilável e inimiga, que deve ser exposta, derrotada e, em última instância, eliminada".

Foi exatamente isso que disse Robbie Kaplan, o advogado que está processando os neonazistas que marcharam em Charlottesville. Essas pessoas "odeiam todos nós — negros, muçulmanos, pessoas LGBTQ, mulheres,

---

[5] Aqui em tradução literal e conforme o sentido do ensaio citado. A expressão *"skin in the game"*, muito usada por autores como Nassim Nicholas Taleb, está mais para "arriscar a própria pele": ter *skin in the game* é não temer se expor aos riscos nas diferentes áreas da vida. (N.T.)

imigrantes, mas o grupo que eles odeiam com a paixão mais feroz — as pessoas que eles dizem querer queimar outra vez nos fornos — são os judeus".

Como Ward observa: "Na base do movimento está uma alegação explícita de que os judeus são uma raça específica e de que a sua ostensiva posição como pessoas brancas nos Estados Unidos representa a maior trapaça que o diabo já perpetrou". Os judeus são o inimigo supremo dos brancos porque são aqueles que impedem o domínio natural dos brancos.

Veremos uma imagem espelhada dessa ideologia na extrema esquerda, na qual muitos insistem em tachar os judeus de "brancos" como uma forma de despi-los de sua habilidade de se colocar como vítimas, e investem em sua própria variação da teoria da substituição, baseada na mentira de que os judeus não têm conexão indígena com a terra de Israel. Esse é o duplo vínculo no qual os judeus norte-americanos são pegos: eles são, ao mesmo tempo, brancos e não brancos; os servos dos supremacistas brancos e os servos dos imigrantes e das pessoas de cor; aliados dos oprimidos e aliados dos opressores.

—

Há uma razão pela qual os judeus norte-americanos frequentemente fazem referência à marcha dos neonazistas em Stokie, em 1977. É menos por se tratar de um clássico caso de liberdade de expressão e mais porque os neonazistas não marcham pelas ruas das cidades dos Estados Unidos todos os dias. As normas sociais evitam que esse tipo de coisa aconteça.

Mas não existe vergonha na internet, e não há nenhum vizinho vendo pelo canto dos olhos. Ali, os alienados podem se conectar uns com os outros para formar uma causa comum, mesmo que seu esfarrapado tecido social seja feito de uns e zeros. Você não precisa mais se reunir com um grande mago da KKK ou um líder do EI para ser arrebatado pela sua causa. A autorradicalização não é apenas possível, mas cada vez mais comum se você for uma alma solitária à beira do limite.

Uma indústria caseira de colunistas criou toda uma taxonomia da atividade da extrema direita na internet. Depois que um fanático ataca uma igreja, mesquita ou sinagoga, essas pessoas analisam cada aspecto da personalidade e do comportamento online do agressor. Veja! Ele nunca teve um exemplar do *Mein Kampf*, embora tenha postado um meme do sapo Pepe com o bigode do Hitler. Veja! Horas antes do ataque à sinagoga, John

Earnest postou sua arenga de quatro mil palavras no 8chan, onde outros usuários incentivaram-no a "pontuar bastante" — linguagem de jogadores de videogame para encorajá-lo a matar o maior número possível de pessoas.

O benefício para a repórter é claro: ela parece saber algo a respeito de um mundo secreto e inacessível para o leitor comum. Mas esse processo pseudossofisticado de decodificação torna a questão quase mística, quando, na verdade, ela é o oposto disso. O desenho de uma suástica postado no 8chan ainda é uma suástica. O racismo e o antissemitismo expressos na internet por meio dos memes não é um tipo especial de racismo ou antissemitismo. É o mesmo ódio de sempre.

O que é diferente, o que a internet muda, é a capacidade dessas pessoas raivosas e odiosas de encontrar uma comunidade, e para as partes interessadas — facilitadores, ideólogos, pervertidos, manipuladores —, ajudá-las a adquirir as ferramentas mentais, emocionais e físicas necessárias para matar outras pessoas.

Para disfarçar essa atividade, a *alt-right* e seus seguidores utilizam o humor de forma acentuada e efetiva como uma maneira de evitar e se desviar de qualquer responsabilidade. Eles inundam a internet com criações "irônicas" como "Shlomo Shekelberg", uma caricatura do judeu calculista e de nariz adunco tirada diretamente de *Der Stürmer*, e "Remove Kebab", um vídeo que começou sua nefasta jornada internética na Sérvia como uma peça de propaganda islamofóbica, que agora é um modo abreviado de se referir à limpeza étnica dos muçulmanos em todo o Ocidente. Quando o óbvio preconceito dessas criações é apontado, ouvimos dizer que é tudo piada, que não passam de memes engraçadinhos. Relaxa, pessoal, como diz Milo Yiannopoulos. É a mesma defesa tudo-pela-diversão oferecida pelo célebre comediante francês Dieudonné M'bala M'bala, que inventou o gesto antissemita conhecido com *quenelle*, defendeu-o como uma piada hilariante e depois dividiu o palco com negacionistas do Holocausto como Robert Faurisson e Mahmoud Ahmadinejad. Ha-ha.

Essa justificativa esfarrapada me remete a um *insight* de Jean-Paul Sartre: "Nunca acredite que os antissemitas são totalmente inconscientes do absurdo de suas respostas. Eles sabem que seus comentários são frívolos, abertos à contestação. Mas eles estão se divertindo, pois é o adversário deles que deve usar as palavras com responsabilidade, uma vez que ele é quem acredita nas palavras. Os antissemitas têm o direito de brincar. Gostam até de brincar com as palavras para, com razões ridículas, desmerecer a seriedade de seus interlocutores. Adoram agir de má-fé, uma vez que procuram não persuadir por meio de argumentos sólidos, mas, sim, intimidar e desconcertar".

Quando você é um jornalista judeu como Ben Shapiro ou Julia Ioffe e o seu rosto é photoshopado em uma câmara de gás e há pessoas ameaçando matar você e a sua família, é difícil "LOL"[6]. Eu também tenho sido alvo desses "ironistas" e "satiristas" há algum tempo. Minha ex-editora na revista *Tablet*, Alana Newhouse, comprou para mim um colar no qual se lia "comentários causam câncer" depois que eu sofri uma surra digital particularmente dolorosa. Encarei o presente como uma séria prescrição para nunca, jamais, acessar a seção de comentários. Mas abri uma exceção em janeiro de 2019, depois de participar do popular podcast de Joe Rogan.

Poucos dias após o programa, tomei café da manhã com um amigo que participara antes do podcast. Ele tinha a preocupação de que "algo tivesse dado errado" para mim. Estava aflito porque eu estava recebendo bem mais desaprovação do que "likes", e havia muitos comentários negativos no vídeo, que então já se aproximava de um milhão de visualizações no YouTube.

Cometi uma pequena gafe perto do fim do podcast ao criticar a possível presidenciável Tulsi Gabbard, uma mulher suspeitosamente acrítica em relação à Rússia, que escondeu da liderança de seu partido o fato de que viajara à Síria como congressista do Partido Democrata e se reunira com Bashar al-Assad. Chamei Gabbard de puxa-saco de Assad sem oferecer informações suficientes que sustentassem a minha afirmação. (Semanas depois, ela afirmou que "Assad não é o inimigo dos Estados Unidos" no *Morning Joe*, deixando a equipe tagarela da MSNBC temporariamente sem palavras. Mas tudo bem. Aquele não foi o meu melhor momento.)

Contudo, quando dei uma olhada nos comentários online, descobri que o que havia "dado errado" fora o fato de eu ser uma mulher judia. Em específico, por eu ser uma mulher judia que teve a audácia de expressar suas opiniões em público, incluindo a minha opinião de que Israel é rotineiramente demonizado por pessoas que alegam ser apenas críticos do Estado, mas que, na verdade, são antissemitas.

O câncer estava lá, às claras, para qualquer um que decidisse ler os comentários abaixo do vídeo.

---

[6] Abreviação muito utilizada online de *"laughing out loud"*, "rir bem alto", "gargalhar". A expressão já consta no *Oxford English Dictionary*. (N.T.)

"Obrigado, Joe, por receber essa cosmopolita desenraizada, essa globalista, essa vigarista em seu programa." Lá estava eu, como Soros, a internacionalista leal a nenhuma nação. Outros sugeriam violência: "Um dos piores seres humanos ainda vivos hoje. Vocês sabem o que devia acontecer com essa parasita".

Mais de uma pessoa postou uma citação erroneamente atribuída a Voltaire: "Se quer saber quem lhe governa, olhe para quem você não tem permissão de criticar", uma variação de uma frase escrita, na verdade, pelo norte-americano Kevin Strom, um supremacista branco e negacionista do Holocausto. (O ator John Cusack chegou às manchetes dos jornais em junho ao tuitar essa citação ao lado da caricatura de uma mão gigante adornada por uma estrela de Davi esmagando um grupo de pessoas minúsculas. Sua defesa foi impagável: "Não pensei em 'judeus' quando disse isso... tudo o que pensei foi em 'Israel'".)

Em vários dos comentários sobre o vídeo de Rogan, três parênteses apareciam antes e depois do meu nome ou de toda a postagem. Por exemplo: "Joe e (((Bari))) são cânceres". Os parênteses triplos são um meme a essa altura já antigo, que os judeus, com orgulho insolente, têm reivindicado como seu. Mas o eco, como é amiúde chamado, era originalmente usado para indicar a judaicidade de alguém sem ter de dizê-lo com todas as letras. Em muitos dos comentários sobre mim, os parênteses pareciam redundantes, dado o antissemitismo explícito das palavras:

(((Esfrega as mãos gananciosamente)))

ou

(((Ouve moedas caindo no chão, corre para pegá-las)))

e

(((por que sempre eles))).

Enquanto alguns dos comentários poderiam ter sido ditos por um nazista na década de 1940 – "judia comunista antibrancos" –, outros eram camuflados de forma malsucedida em críticas a Israel que escorregavam inexoravelmente em diatribes contra os Rothschild, como esta pérola: "Mais americanos são mortos em um mês por imigrantes ilegais do que israelenses (*sic*) por palestinos em um ano. Mas a gente envia quase 4 bilhões de dólares para Israel todos os anos para que eles possam pagar pelo seu muro enorme e pela segurança na fronteira e não consegue colocar uma cerca de arame na nossa fronteira. Em 2001, havia oito países sem um banco central pertencente aos Rothschild, e agora só sobraram quatro. A gente gasta trilhões de dólares e perde milhares de vidas americanas só pra dar mais escravos endividados para Jacob Rothschild".

Como um comentarista colocou de forma precisa: "Aqui está uma seção de comentários completa da sabedoria *Goyim*" — sendo *goyim* outro meme que sugere uma conspiração judaica mundial. Ele considerou o fenômeno "bonito". Meses depois, essas pessoas me "trollam" incansavelmente, perguntando se sou parente de Toucan Sam[7]. Ao que parece, os nossos narizes são parecidos.

—

Para alguns antissemitas na extrema direita, o sionismo — não como ele de fato existe, mas segundo uma versão distorcida de sua própria fantasia étnico-nacionalista — se torna a camuflagem perfeita. Eles afirmam que, como defensores fervorosos de Israel, são mais pró-Israel até do que os judeus norte-americanos. Então, como poderiam ser antissemitas?

Mas se os judeus apoiam e admiram tanto Israel porque ele anseia ser um expoente da democracia liberal no Oriente Médio, pelo fato de ser a realização uma promessa bíblica, e porque dois mil anos de história demonstraram que os judeus definitivamente precisam de um abrigo seguro e de um exército, os antissemitas da direita "amam" Israel pela mesma razão que desprezam os imigrantes: Israel resolve o problema dos judeus em seu meio. Ajuda o fato de eles acharem que Israel seja uma espécie de Esparta anti-islã, não uma democracia com uma considerável (quase 20%) minoria muçulmana. "Você poderia dizer que eu sou um sionista branco — no sentido de que eu me importo com o meu povo, eu quero que tenhamos uma pátria segura para nós e os nossos", disse Richard Spencer ao canal israelense Channel 2, em 2017.

---

[7] Trata-se de um tucano de desenho animado, mascote de uma marca de cereais. (N.T.)

Yair Rosenberg resumiu esse movimento distorcido e dissimulado de forma concisa na *Tablet*: "A *alt-right* se apropria maliciosamente dos valores mais profundos dos liberais e das minorias a fim de atacá-los", escreveu. "Desse modo, o retorno dos judeus à sua pátria nativa é reformulado pelos nacionalistas brancos, que não são nativos em relação aos Estados Unidos, para justificar a expulsão dos judeus e de outras minorias do país."

A tragédia é que o governo Netanyahu tornou essa alegação da *alt-right* cada vez mais fácil de ser feita ao alinhar o estado judaico com os governos direitistas de países como a Hungria e a Polônia, cujos líderes atuais defendem abertamente Israel e, ao mesmo tempo, atiçam a intolerância e o revisionismo do Holocausto dentro de suas fronteiras.

A lógica do governo de Israel é a seguinte: Israel está sozinho em um mundo hostil e em uma vizinhança particularmente violenta. Precisa de quaisquer amigos que conseguir. No que diz respeito ao governo de Israel, como um alto funcionário do país me disse, a ideologia de Viktor Orbán é bem menos ameaçadora para os judeus do mundo do que a ideologia de Jeremy Corbyn. Assim, testemunhamos espetáculos impressionantes como Rodrigo Duterte, das Filipinas, um homem que já se comparou com Hitler, sendo recebido com honra no Yad Vashem, o museu do Holocausto de Israel.

Sei que todas as nações fazem *realpolitik*, e que, ao fazer tais alianças, Israel está provando ser apenas um país normal. Mas a aceitação desses totalitários pelo governo de Israel, ao menos agora, é profundamente dolorosa para pessoas que, como eu, acreditam que um estado judaico deveria estar imbuído de valores judaicos. Felizmente, isso inclui o ex-presidente de Israel, Reuven Rivlin, que afirmou: "Você não pode dizer 'Nós admiramos Israel e queremos ter relações com o seu país, mas somos neofascistas'. O neofascismo é absolutamente incompatível com os princípios e valores sobre os quais o Estado de Israel foi fundado".

—

Aqueles que pensaram que a eleição de Donald Trump foi apenas uma reação exagerada à presidência progressista de Barack Obama sofrem de uma profunda falta de imaginação. Donald Trump é um pequeno sintoma de uma tendência que varre o globo. Em toda parte, as pessoas estão se afastando do internacionalismo e se voltando para o isolacionismo, optando pelo nacionalismo em detrimento da globalização, pelas fronteiras fechadas em vez das fronteiras abertas. Em nenhum outro lugar isso é mais visível do que na Europa, onde as pessoas, sobretudo os jovens, estão abraçando o autoritarismo e dando as costas para a democracia liberal.

Ninguém diagnosticou esse movimento melhor do que Anne Applebaum, historiadora e colunista do *Washington Post*, e o cientista político Yascha Mounk (*O Povo Contra a Democracia*). Ambos demonstraram, de forma incisiva, como e por que a demonização das minorias e dos judeus está a menos de um pulo ou salto das principais alegações desses populistas.

Todos esses partidos e figuras começam se aproveitando de desafios reais enfrentados pelos seus países. Eles repisam as dramáticas mudanças demográficas, sejam elas resultantes dos refugiados, da migração econômica ou apenas das taxas de natalidade. Eles salientam a persistente estagnação econômica das classes médias e trabalhadoras, resultado inevitável da automatização e da globalização. Eles dizem que a vasta maioria das riquezas permanece nas mãos de uns poucos que parecem desvanecer, e que as pessoas se sentem desamparadas e sozinhas por causa da ausência de uma cultura comum e coesa, do enfraquecimento da religião e da desintegração das instituições culturais.

Políticos responsáveis operando em sociedades saudáveis falariam com sobriedade sobre esses desafios e ofereceriam políticas e concessões para enfrentá-los. Mas, em vez disso, os líderes de molde autocrático exploram, exageram e demonizam, ao mesmo tempo em que, com frequência, oferecem soluções cruéis e grosseiras para esses problemas complicados. O banimento dos muçulmanos proposto por Trump vem imediatamente à cabeça.

Nesse meio-tempo, e na ausência de um centrismo saudável, muitos políticos progressistas se esquivam. Ignoram as verdadeiras tensões sociais associadas à imigração em massa, incertos sobre como reconhecer essas tensões sem atiçar a xenofobia, alienar a própria base ou serem chamados de preconceituosos. Eles minimizam o patriotismo, temerosos de alimentar o ufanismo ou de serem acusados de fazê-lo. Eles ignoram a necessidade de retornar a uma cultura comum ou mesmo a um conjunto de valores cívicos para não serem acusados de promover a intolerância cultural.

É difícil superestimar a gravidade desse erro. Ele indica que o progressismo abandonou o campo político, agora ocupado por aqueles que estão na direita mais extrema, conforme jornalistas como David Frum e James Kirchick e acadêmicos como Karen Stenner (*The Authoritarian Dynamic*) e

Eric Kaufmann (*Whiteshift*) salientaram. Na ausência de respostas liberais sérias para essas questões, a franqueza dos populistas autoritários se tornou muito mais sedutora para o eleitor médio, que passou a enxergar os liberais como evasivos e fora de sintonia com a realidade. Isso se dá sobretudo porque o que esses populistas prometem é algo direto: eles priorizam as necessidades dos "verdadeiros" cidadãos do país. Devolvem o país para aqueles a quem a nação realmente pertence. Eles prometem se voltar para dentro; interromper as aventuras no exterior; colocar a "América em primeiro lugar".

Para os insatisfeitos, frustrados e deixados para trás, trata-se de uma mensagem cujo apelo não pode ser subestimado. Essa é a razão pela qual precisamos de uma versão saudável do patriotismo, uma versão saudável do orgulho americano e um debate saudável sobre questões difíceis como a imigração. Isso é necessário tanto para o futuro da democracia liberal quanto para o bem dos judeus, que servem como os bodes expiatórios perfeitos para esses nacionalistas populistas.

A essa altura, posso sentir meus leitores conservadores e trumpistas revirando os olhos. Eles insistem em afirmar que o antissemitismo da *alt-right*, à diferença do antissemitismo do Partido Trabalhista Britânico, coordenado e verbalizado por aqueles que estão no topo, é um corpo sem cabeça. Em relação a isso, eles parecem ter o apoio de Christopher Wray, o diretor do FBI para quem a violência dos supremacistas da direita tende a ser "menos organizada" e levada a cabo por "indivíduos isolados, e não por alguma hierarquia estruturada".

Eles apontam que, enquanto ambas as casas do Congresso votavam para mudar a embaixada norte-americana para Jerusalém, apenas Trump, com seu total desrespeito pelas sutilezas da hipocrisia diplomática, agiu conforme o que era, no fim das contas, a vontade do povo americano por meio de seus representantes eleitos. Apenas Trump estava propenso a reconhecer a soberania de Israel sobre as Colinas de Golã, impossibilitando que elas fossem devolvidas às mãos sanguinárias de Assad.

Então, ok, eles admitirão: Trump é repulsivo. Ele disse coisas horríveis sobre as minorias. Disse até coisas antissemitas. E, no entanto, Trump também condenou o antissemitismo de forma inequívoca, o que não pode ser dito sobre muitos membros do Partido Democrata. Em seu discurso do Estado da União de fevereiro de 2019, ele disse sobre o Irã: "Nós não desviaremos os nossos olhos de um regime que canta 'Morte aos Estados Unidos' e ameaça um genocídio contra o povo judeu. Não devemos ignorar jamais o veneno hediondo do antissemitismo ou daqueles que espalham o seu credo maléfico. Com uma só voz, nós devemos confrontar esse ódio quando e onde quer que ele ocorra". Depois de Pittsburgh, ele condenou de forma veemente o ato, mostrando compreender o que é o antissemitismo: "O ato perverso do assassinato em massa é o mal em estado puro, algo difícil de acreditar e, francamente, inimaginável", ele disse. "O antissemitismo e a perseguição aos judeus representam algumas das características mais feias e sombrias da história humana. O veneno hediondo e carregado de ódio do antissemitismo deve ser condenado e confrontado em toda parte e sempre que aparecer." Independentemente do que se pense a respeito de Trump, essa declaração foi forte. E, no entanto, um escritor da *New Yorker* dedicou um artigo crítico inteiro ao uso que ele fez da palavra "francamente" naquela primeira frase — o que serviu apenas como prova adicional para os judeus apoiadores de Trump de que as virtudes do presidente em relação à comunidade judaica estavam sendo menosprezadas.

Por fim, eles salientaram que muitos desses extremistas, incluindo os assassinos de Pittsburgh e Poway, desprezam Donald Trump. Eles o acusam, de formas variadas, de estar na cama com os judeus, ser um globalista, entregar a própria filha para um judeu e ser controlado pelo *lobby* judeu do ZOG, o governo ocupado pelo sionismo (*zionist-occupied government*).

Todavia, tudo isso ignora a verdade terrível de que Donald Trump, em seus quase três anos de governo[8], estraçalhou — alegre e desavergonhadamente — as regras não escritas da nossa sociedade que mantêm os judeus norte-americanos — e, por conseguinte, os Estados Unidos — seguros. O dano que ele causou não pode ser subestimado. Políticas, boas ou más, podem ser desfeitas. Políticos podem não ser reeleitos. Mas e uma cultura demolida, esmagada e distorcida a ponto de não ser mais reconhecível? Isso é muito mais difícil de consertar.

—

Há duas coisas reconfortantes, caso seja possível dizer algo assim em se tratando do antissemitismo da direita. A primeira é que ele não esconde o rosto. É direto em seus objetivos. A segunda é que, ao combater os

---

[8] Este livro foi escrito em 2019. (N.T.)

neonazistas, os judeus estão alinhados com os nossos aliados políticos naturais: os liberais. Quando a extrema direita nos ataca, encontramos simpatia e apoio nos progressistas, que tendem a ser a esmagadora maioria em nossa vizinhança e em nossos locais de trabalho. Somos o tipo certo de vítima com o tipo certo de inimigo.

Mas, embora os supremacistas brancos tendam a ser os mais violentos – se alguém entra armado em sua sinagoga, existe uma grande probabilidade de que essa pessoa seja uma criatura da extrema direita –, eles dizem respeito a apenas uma pequena porcentagem dos atos antissemitas. Houve 1879 incidentes de antissemitismo nos Estados Unidos em 2018, segundo a Liga Antidifamação (Anti-Defamation League, ou ADL). Apenas 13% desses incidentes (249) foram perpetrados por membros de grupos de supremacistas brancos. "O que isso sugere é que o aumento dos incidentes antissemitas não é resultado de uma grande conspiração subterrânea e do amplo recrutamento por grupos nacionalistas brancos", disse-me Jonathan Greenblatt, diretor da ADL. "O que estamos vendo é, na verdade, muito pior. O que estamos vendo é a normalização do antissemitismo. Para expressar humor, para expressar frustração, para expressar ansiedade, apenas como desabafo."

Não há muitos supremacistas brancos circulando por Nova York, cidade que tem a maior população de judeus do país. E, no entanto, em 2019, mais da metade (57%) dos crimes de ódio em Nova York tiveram judeus como alvos, segundo o Departamento de Polícia da cidade. É esse tipo de ataque que pessoas como Avram Mlotek, um jovem rabino que usa um quipá, têm sofrido cada vez mais em Nova York. "Os judeus são perigosos pra caralho", um homem gritou para ele um dia desses, na estação de metrô da rua 168, em Washington Heights. "Vocês são muito perigosos. Quero que todos os judeus saiam de Cuba e da Palestina. Os judeus são muito perigosos!" Em outra ocasião, Mlotek estava no metrô e um homem mostrou uma foto de Louis Farrakhan. "Esse é um judeu de verdade", ele disse. "Você é um farsante de merda."

Infelizmente para nós, judeus, não podemos escolher quem nos odeia.

CAPÍTULO 4
A Esquerda
—

O ANTISSEMITISMO QUE APREGOA que os judeus são capitalistas perversos que controlam o mundo é diferente do antissemitismo que apregoa que são comunistas perversos que controlam o mundo? O antissemitismo que insiste que os judeus conspiram e exploram o poder gentio é diferente do antissemitismo que insiste que eles conspiram e exploram por meio de seu próprio poder dentro do Estado? O antissemitismo que diz que os judeus são traidores secretos da raça branca é diferente do antissemitismo que diz que eles são supremacistas brancos disfarçados? O antissemitismo que afirma que os judeus pervertem as tradições é diferente do antissemitismo que afirma que eles atrapalham o avanço do progresso? O antissemitismo que obriga que nos distingamos com estrelas de Davi é diferente do antissemitismo que insiste que não devemos fazer isso?

Uma forma do ódio se origina da direita política, a outra, da esquerda. Podem parecer muito diferentes à primeira vista, mas são imagens espelhadas da mesma insanidade. E ambas chegam à mesma conclusão, embora, talvez, em velocidades levemente distintas: elimine o judeu.

No entanto, os judeus norte-americanos tendem a ser muito mais ligados ao antissemitismo que vem da direita política. Certamente, isso ocorre por causa da grande sombra de Hitler. Mas também é porque os judeus americanos têm uma profunda afinidade com a esquerda política, e por fortes razões.

Para aqueles que fugiram da opressão do Leste Europeu, o único lar natural era o partido dos desfavorecidos, imigrantes e marginais. Os judeus *ashkenazim* que se mudaram em massa para os Estados Unidos a partir do século XIX assumiram prontamente seus lugares nos — e às vezes no comando dos — movimentos progressistas. E, embora os judeus norte-americanos tenham atingido o tipo de sucesso financeiro que costuma se traduzir em votos para os republicanos, eles continuam, pelo menos até o momento, a votar maciçamente nos democratas.

Talvez haja uma razão religiosa mais profunda além do óbvio motivo político para o alinhamento judaico com a esquerda. Como Steven R. Weisman argumenta em seu livro recente *The Chosen Wars*, os judeus dos Estados Unidos criaram um novo judaísmo — o qual, em grande parte, é desconectado de uma geografia específica (a terra de Israel) e de um objetivo específico (a era messiânica). Nessa nova versão, os Estados Unidos se tornaram a terra prometida, e a noção de *tikkun olam*, consertar o mundo, tomou o lugar do Messias. O novo objetivo dos judeus norte-americanos, em especial dos não ortodoxos, não era retornar para a Terra Santa (afinal, eles já estavam em uma) ou rezar para que Deus desse início à era messiânica. O novo objetivo era aperfeiçoar o seu novo Israel. Eles seriam aqueles a implementar a era messiânica desse país — a salvação da América viria não dos céus, mas dos próprios judeus americanos.

O problema desse acordo presumido entre os políticos liberais e os judeus é que ele nos cega, fazendo com que pensemos que o antissemitismo é um problema exclusivo da direita, uma fantasia que cai por terra ao menor escrutínio. Assim como há antissemitas modernos que remontam a Hitler, também há o moderno antissemitismo que começa com Lenin e se intensifica com Stalin.

O antissemitismo hitlerista anuncia as suas intenções de forma inequívoca. Mas o antissemitismo esquerdista, como o próprio comunismo, finge ser o oposto daquilo que, de fato, é.

Por causa da maneira fácil como pode ser contrabandeado para dentro das principais tendências e nos manipular — quem não busca justiça e progresso? Quem não quer uma fraternidade universal dos seres humanos? —, o antissemitismo que se origina da esquerda política é mais insidioso e talvez mais perigoso existencialmente. Se quiser ver o que está em jogo, dê uma olhada além-mar, onde Jeremy Corbyn, um antissemita, foi bem-sucedido em transformar um dos maiores partidos da Inglaterra em um polo de ódio aos judeus.

O corbynismo não está confinado ao Reino Unido. Agora mesmo, nos Estados Unidos, esquerdistas que compartilham da visão de mundo de Corbyn estão construindo movimentos de base e estabelecendo facções dentro do Partido Democrata que são ativamente hostis ao poder judeu, a Israel e, em última instância, aos judeus. Aqueles judeus que querem permanecer progressistas e ter boas relações com esses grupos são instados a apagar mais e mais de si mesmos para continuar dentro do rebanho.

Alguns nem mesmo sabem que estão fazendo essa escolha, tendo crescido com pouca educação ou conhecimento da história judaica. Mas outros sabem. E eles não estão fazendo isso porque um regime, como o da União Soviética, está forçando-os, sob pena de perder um bom emprego ou se sujeitar aos trabalhos forçados ou coisa pior. Eles fazem essa escolha por vontade própria, desesperados para não ser excluídos de comunidades que imaginam suas, desesperados para se sentir em casa nos movimentos políticos em que investiram tempo e dinheiro, desesperados para não ser alienados das instituições que ajudaram a construir, e desesperados para não perder suas boas reputações, o que pode acontecer em um instante na nossa era digital.

Conheci pessoas assim em todas as comunidades judaicas nas quais palestrei. Eles costumam esperar até tarde da noite, depois que a multidão se dispersou e já tomou algumas taças de vinho, para fazer sua confissão. Mas a confissão é sempre a mesma: "Estou no armário". Não estão no armário em termos de sexualidade ou expressão de gênero. Estão no armário quanto ao seu judaísmo e ao seu sionismo.

Por que esses judeus se escondem? Mais especificamente, por que eles se escondem nos círculos progressistas nos quais vivem e trabalham e protestam e namoram e se casam e têm filhos, nos círculos hiperobcecados em abraçar a autenticidade, nos círculos que prometem o uso dos pronomes que o outro preferir?

Eles fazem isso porque entendem que, cada vez mais, o progressismo lhes pede que façam uma escolha. Você é um dos mocinhos ou um dos vilões? Você defende os racistas ou as suas vítimas? Você faz parte da coalizão dos oprimidos ou da coalizão dos opressores?

A fim de ser bem recebido como judeu em um número crescente de grupos progressistas, você precisa renegar uma lista de coisas que se torna maior a cada dia. Onde antes era suficiente criticar a política do governo de Israel, em especial a forma como são tratados os palestinos, agora é preciso denunciar a própria existência do Estado de Israel. Onde antes era suficiente renegar a Jewish Defense League, agora é preciso abjurar a própria ideia de poder judaico. Onde antes o sucesso dos judeus tinha de ser explicado, agora é preciso se desculpar por ele. Onde antes o governo de Israel era demonizado, agora é o próprio movimento judaico de autodeterminação que o é.

Essa barganha, que é na verdade um ultimato, explica muita coisa.

Ela é a razão pela qual as líderes judias da Marcha das Mulheres foram sujeitas a ataques antissemitas e à exclusão pelas demais líderes do movimento.

É a razão pela qual, na Universidade da Virginia, estudantes e ativistas judeus tiveram sua admissão barrada em uma coalisão estudantil de minorias que combatem a supremacia branca.

É a razão pela qual Michael Goldstein, um judeu religioso e sionista, estudante do Kingsborough Community College, no Brooklyn, tem sido vítima de uma campanha desumanizadora. Primeiro, escreveram "morte à Entidade Sionista" em uma foto de seu pai já falecido, ex-reitor da faculdade. Depois, panfletos acusando Goldstein de fanatismo foram distribuídos pelo *campus*. Alguns exibiam fotografias de sua filha de treze anos. Agora, ele anda com seguranças o tempo inteiro.

É a razão pela qual o Manny's, um café e espaço para eventos progressistas em São Francisco, tem sofrido com protestos regulares. Isso porque seu dono — um judeu *mizrahi* gay e progressista — é, segundo os manifestantes, "sionista e gentrificador".

É a razão pela qual lésbicas judias que seguravam bandeiras do arco-íris com estrelas de Davi foram expulsas da Dyke March ["Marcha das Sapatões"] em Chicago, em 2017. E é a razão pela qual, dois anos depois, a Dyke March em Washington, D.C., baniu oficialmente as bandeiras com a estrela de Davi com a desculpa de estar banindo "símbolos nacionalistas". É uma inacreditável admissão de ignorância, considerando que a estrela de Davi aparece em sinagogas desde o século III. E a ideia de que a estrela de Davi não passa de um símbolo do poder judaico é uma afirmação espantosa para qualquer pessoa que tenha visto uma fotografia de um judeu forçado a usar uma estrela amarela pelos nazistas. Os neonazistas que compareceram a uma celebração do orgulho em Detroit, no mesmíssimo final de semana em que ocorreu a Dyke March, e urinaram em uma bandeira israelense certamente sabem disso.

Mas, indo direto ao ponto: o antídoto para o abuso acumulado pela estrela judaica da autodeterminação não é abraçar a estrela amarela que os nazistas usavam para rotular suas vítimas, mesmo que, ao fazer isso, você garanta um lugar a certas mesas. Pelo contrário, a estrela da Davi vive em toda a sua plenitude, antiga e moderna, seja na bandeira do lar nacional judaico, seja marcando o túmulo de um soldado judeu-americano em Arlington.

Como o jornalista Batya Ungar-Sargon observou: "Se há espaço em seu movimento apenas para os 3% de judeus que dizem não ser a favor de Israel, o seu movimento efetivamente bane os judeus". Não, não, insistiram as organizadoras da marcha, só estamos banindo os símbolos de "nações que têm tendências opressivas específicas". O que torna ainda mais inacreditável que aceitem bandeiras palestinas, visto que a homossexualidade é um profundo tabu na sociedade palestina e os gays são mortos por grupos como o Hamas. (Uma pesquisa de 2014 do Pew descobriu que 1% dos palestinos considera a homossexualidade "moralmente aceitável".)

Vale a pena fazer uma pausa e considerar a impressionante reviravolta da história aqui. Outrora, o antissemitismo exigia que os judeus fossem marcados publicamente. Agora, em alguns recintos progressistas, o antissemitismo exige que eles não o façam.

E, assim como os membros da extrema direita têm uma saída quando acusados de antissemitismo — a gente gosta de judeus, desde que eles se deportem por iniciativa própria para Israel e deixem o nosso país imaculado —, os membros na extrema esquerda também têm uma saída. A gente gosta de judeus, eles dizem, desde que eles deixem de lado seu individualismo teimoso e sigam, sem falta, as nossas ideias sempre mutáveis de justiça e igualdade. Os judeus são bem-vindos desde que passem por uma espécie de conversão secular, repudiando muitas ou a maior parte das coisas que, na verdade, fazem deles judeus. Antes, os judeus tinham de se converter ao cristianismo; agora, eles têm de se converter ao antissionismo.

Esses casos e centenas de outros similares acontecendo em todo o país são, por certo, parte do que motiva aqueles que me dizem que estão preventivamente se autocensurando em espaços liberais — tirando o quipá antes de entrar em um seminário na universidade; fingindo não ouvir quando alguém diz que Israel não tem o direito de existir; permitindo que um comentário sobre "judeus brancos" passe sem correção; não fazendo nada enquanto outros judeus, do "tipo errado", são difamados e desumanizados.

Pouquíssimas dessas pessoas temem sofrer alguma violência literal. O que apavora esses judeus é algo mais íntimo e mais provável de ocorrer: condenação moral, ostracismo social e vilanização da reputação infligida pelos pares, professores, amigos e aliados políticos. Cada vez mais, ser um bom progressista exige distorcer a história judaica e renegar o estado judeu. Não vale a pena dizer a verdade e correr o risco de arruinar reputações, carreiras ou posições sociais.

Contudo, pelo fato de a violência aqui ser geralmente não física, muitos dos meus leitores e amigos progressistas me dizem que é ridículo traçar qualquer espécie de comparação ou equivalência moral entre a supremacia branca e o que vem da esquerda, que insistem ser apenas uma crítica do descontrole de Israel. Os "verdadeiros" antissemitas – aqueles que saem atirando em sinagogas – só existem na direita. Desviar a atenção daquela ameaça não é apenas irresponsável, afirmam: é perigoso. Como se o ódio fosse um jogo de soma zero.

Como ouso usar a minha plataforma, dizem alguns, para abordar um fenômeno tão menos urgente, um fenômeno que é certamente menos letal? Isso me leva a pensar: quando *poderemos* falar sobre isso?

Claro que é verdade que professores esquerdistas, ativistas, trabalhadores da área de tecnologia, artistas, advogados e médicos não são o tipo de norte-americano que tende a possuir armas automáticas. Tampouco essas pessoas saem à rua para dizer algo tão direto quanto "mate os judeus". Não, o antissemitismo originado da esquerda é um empreendimento muito mais sutil e sofisticado. É tipicamente camuflado em uma linguagem familiar para as línguas e os ouvidos judeus: a linguagem da justiça social e do antirracismo, da igualdade e da liberdade.

Esse antissemitismo se disfarça sob a falsa égide da diferença política – alega ser "crítico de Israel" ou "apenas antissionista" – e exige ser louvado por seus nobres objetivos: combater o racismo, combater o nacionalismo, defender os oprimidos. Essa é a maneira como eles se vacinam contra as críticas. Pois, nessa equação perversa, qualquer pessoa que diga que o antissionismo é antissemita, na prática ou em intenção, está defendendo o racismo e o nacionalismo. Isso me remete à famosa observação de Susan Sontag de que o comunismo é o fascismo com uma face humana.

E, contudo, continua difícil para muitos ver isso como ameaçador, uma vez que procura, ao menos a princípio, apenas marginalizar os judeus em vez de nos assassinar.

Ben Hecht, um dos maiores roteiristas de sua geração, escreveu sobre esse dilema em um livro chamado *A Guide for the Bedevilled* ("Um Guia para os Atormentados", 1944). Hecht descreve o recebimento de uma carta escrita por uma pessoa anônima: "Em toda a página, rabiscadas com giz de cera e em letras enormes, estão as palavras 'mate todos os judeus'". Ele pensa sobre quem poderia ter enviado a carta. Provável que não tenha sido alguém muito esperto, mas que se deliciou ao imaginar o medo que Hecht sentiria ao ler. Contudo, diz Hecht, "nem todos os antissemitas escrevem com giz de cera vermelho. Muitos deles escrevem com tinta de qualidade. Monsieur Voltaire, por exemplo. Monsieur Voltaire não chegou pelo correio. Ele está na minha estante, com todas as suas elétricas frases bem vivas entre as capas do livro".

A carta escrita com giz de cera vermelho? Sem dificuldade, o roteirista a joga na lata de lixo. Infelizmente, Voltaire, o príncipe da razão, é muito mais difícil de descartar. "Monsieur Voltaire está aberto sobre a minha mesa", Hecht escreve. "Ele é muito mais articulado do que o meu correspondente de Hollywood. Ele me deprime muito mais. Talvez porque eu seja muito mais sensível aos crimes do intelecto do que aos físicos. Eles são mais perigosos – porque são mais duradouros."

De certa forma, os neonazistas são fáceis de identificar. Sabemos que eles nos querem mortos. Antissemitas com doutorado, esses que defendem sua intolerância como se ela fosse uma forma iluminada de pensar, são mais difíceis de combater. E, assim, os judeus norte-americanos enfrentam dois temores ao mesmo tempo, um externo e outro interno: serem alvejados por supremacistas brancos e serem confundidos com um deles.

—

Em 2017, 58,1% de todos os crimes de ódio motivados por religião nos Estados Unidos foram perpetrados contra judeus. (Por comparação, 18,6% dos crimes tiveram muçulmanos como alvos.) Se você marcar cada um desses crimes contra judeus em um mapa dos Estados Unidos, verá que quase todos eles ocorreram em estados predominantemente democratas. É neles que os judeus tendem a viver. Incluindo eu.

Eu frequento lugares que Sarah Palin com certeza não consideraria a "América verdadeira". Eu gosto de rúcula. Eu trabalho no "falido" *New York Times*. Por essas razões, embora meu mundo online seja infestado por cidadãos *alt-right*, não costumo encontrar com muita frequência pessoas que me chamam de "judia traiçoeira" no mundo real.

No entanto, tenho um assento na primeira fileira para ver o antissemitismo esquerdista. De fato, tenho assistido ao crescimento dele desde quando era uma estudante na Universidade Columbia, um lugar onde me ensinaram em várias disciplinas, em salas de jantar e em bares do *campus* que você não pode ser ao mesmo tempo uma progressista de boa reputação e uma sionista.

No meu segundo ano de faculdade, matriculei-me em um curso de história do Oriente Médio. Certo dia, no metrô, a caminho do centro da cidade, encontrei uma colega que conhecera em um seminário sobre literatura no ano anterior. Éramos amigas. Ela me confessou ter um problema. "Você é uma liberal sensata", disse. "Então, como pode ser sionista? Como pode apoiar uma ideologia racista?".

Essa estudante não era, de modo algum, antissemita. Era uma WASP californiana que sabia pouco a respeito do Oriente Médio antes de se inscrever naquele curso introdutório. Este tinha como professor Joseph Massad, então docente não titular, um homem que declarou que "os judeus não são uma nação" e "o estado judeu é um estado racista que não tem o direito de existir". Massad deixou claro que uma das plataformas ideológicas para ser um bom progressista é ser um antissionista. Acreditar que um estado que corresponde a menos de 1% do território do Oriente Médio é a raiz dos problemas da região. Acreditar que um estado imperfeito, dentre todos os estados imperfeitos no mundo — um mundo que inclui Síria, Coreia do Norte, China e Rússia — não merece consertar suas imperfeições, mas tem de ser varrido do mapa.

Na época em que cheguei à faculdade, em 2003, essa visão de Israel — não como a culminação de dois mil anos de aspirações dos judeus ou a repatriação de um povo indígena, ou mesmo como um local seguro para esse povo, mas como o último bastião do colonialismo branco no Oriente Médio — tinha dominado departamentos de todo o *campus*, os quais abraçaram a teoria pós-moderna e pós-colonial. Em nenhum outro lugar, contudo, a demonização de Israel e dos judeus israelenses era feita com mais agressividade do que no departamento de estudos sobre o Oriente Médio da faculdade.

Em 2004, Hamid Dabashi, então diretor do departamento de estudos sobre o Oriente Médio, escreveu um artigo para o periódico egípcio *Al--Ahram Weekly*. "Meio século de agressão e assassinato de outro povo deixou marcas profundas nas faces dessas pessoas", ele escreveu sobre os judeus israelenses. "A maneira como eles falam, a maneira como caminham, a maneira como manuseiam objetos, a maneira como cumprimentam uns aos outros, a maneira como olham para o mundo. Há uma prevaricação endêmica nesse maquinário, uma vulgaridade de caráter que chega aos ossos e à estrutura das vértebras do esqueleto de sua cultura." Dabashi se referiu aos sionistas como "mestres da ladroagem" e "hienas ridentes" (*sic*). Em maio de 2018, ele postou no Facebook: "Sempre que há um acontecimento sujo, pérfido, feio e pernicioso no mundo, apenas espere alguns dias e o horrendo nome de 'Israel' vai pipocar" (*sic*).

Uma década atrás, a situação na Universidade Columbia parecia excepcional. Há uns poucos anos, haveria um escândalo antissionista no *campus* a cada ano ou, talvez, a cada semestre. Agora, há vários todas as semanas. E a experiência de dedicados judeus e sionistas no *campus* se tornou muito, muito mais feia.

Tome a Universidade de Nova York (NYU) como exemplo. Ela tem todas as qualidades que parecem torná-la um lugar perfeito para estudantes judeus: há uma grande comunidade judaica (cerca de 13% dos graduandos), um pujante Hillel,[1] e é localizada no coração da cidade de Nova York, que tem a maior comunidade judaica dentre todas as metrópoles do mundo. No entanto, foi lá que Doria Khan, uma caloura promissora, ouviu que deve ter um monte de dinheiro, que seu povo "controla" Nova York, e que é um exagero afirmar que seis milhões de judeus foram mortos no Holocausto. Ela ouviu seus colegas estudantes dizerem que os judeus não têm nada do que reclamar porque são o grupo mais privilegiado dos Estados Unidos. "Nenhum desses comentários veio de neonazistas *alt-right*", ela diz. "Os comentários vieram de meus professores e supostos amigos."

A paisagem política mais ampla da NYU sugere por que Kahn é tratada dessa maneira. Em dezembro de 2018, o diretório estudantil aprovou uma resolução BDS[2] — juntando-se ao movimento de boicote a Israel que se opõe a qualquer estado judeu entre o Rio Jordão e o Mar Mediterrâneo —, exortando a universidade a se dissociar de qualquer empresa que faça negócios com Israel. Poucos meses depois, o Departamento de Análise Social e Cultural da NYU decidiu boicotar o programa de estudos da universidade

---

[1] Fundada em 1923, a Hillel é uma organização que procura agremiar os estudantes judeus nos *campi* universitários. Atualmente, marca presença em mais de 550 faculdades e universidades, oferecendo programas que fomentam a conexão dos jovens com suas raízes judaicas e, claro, com seus pares. (N.T.)
[2] Boicote, Desinvestimento e Sanções. (N.T.)

em Israel, algo particularmente notável, considerando que não há boicote aos Emirados Árabes Unidos – um país onde a NYU mantém uma escola afiliada e no qual há escravidão moderna. Então, a NYU premiou o grupo Students for Justice in Palestine [Estudantes pela Justiça na Palestina] com o President's Service Award, a maior honra concedida pela universidade. Para coroar o ano, o escritor Steven Thrasher usou o discurso que fez em uma formatura de graduandos da Faculdade de Artes & Ciências para dizer: "Estou tão orgulhoso, tão orgulhoso que a NYU premiou o Students for Justice in Palestine e a Jewish Voice for Peace [Voz Judia pela Paz] [...] pelo apoio deles ao movimento de Boicote, Desinvestimento e Sanções contra o estado e o governo de *apartheid* em Israel, porque é isso que somos chamados a fazer".

Nos dias que se seguiram, várias publicações desenterraram tweets incendiários de Thrasher, e Andrew Hamilton, presidente da universidade, desculpou-se, dizendo que estava "chocado" com "esses tweets indubitavelmente vis e antissemitas". Mas isso foi muito pouco, e veio tarde demais.

Hoje, Thrasher é professor na Escola de Jornalismo Medill, da Northwestern University. Judea Pearl, professor na UCLA, pai do falecido jornalista Daniel Pearl, do *Wall Street Journal*, formou-se na NYU e devolveu seu prêmio de aluno destaque depois que sua *alma mater* premiou o Students for Justice in Palestine. Ele disse o seguinte sobre a pessoa escolhida pela universidade para ser o orador na formatura: "Thrasher demonstra que, quando as condições do solo são as ideais, ervas daninhas podem crescer em nossas melhores universidades, debaixo dos nossos narizes. Fico aterrorizado ao pensar que uma deformidade racista de tamanha toxicidade terá um palanque e pupilos na Northwestern University. O povo confia a nós, educadores, as condições do solo; somos dignos dessa confiança?".

Ellen Schanzer, uma futura caloura, decidiu que a resposta era "não". O bisavô de Schanzer, Martin Bernstein, foi diretor do Departamento de Música da universidade, mas ela chegou à conclusão de que, caso se matriculasse na NYU, "estaria", como disse, "filiando-se a uma instituição que acolhe membros das faculdades e organizações estudantis dedicados a ideologias antissemitas". Sua carta para a universidade continuou: "Alguns em seu *campus* diferenciam entre antissionismo e antissemitismo; mas eu não sou uma dessas pessoas. Esse velho ódio ao meu povo usa disfarces diferentes em gerações diferentes, mas [seu] objetivo original é sempre o mesmo".

Se a tendência nas universidades norte-americanas continuar assim, suspeito de que judeus engajados seguirão a deixa de Schanzer e evitarão *campi* onde, como ela disse em sua carta, suas "principais crenças e sua própria existência são ameaçadas". Com efeito, a própria palavra "sionista" se tornou um xingamento casual em muitas universidades. Durante a orientação de caloura da minha irmã na Universidade de Michigan, por exemplo, ela ouviu duas jovens no pátio falando sobre um rapaz com quem uma delas estava saindo. Tudo a respeito dele parecia ótimo. O problema: "Não posso sair com um sionista". Quatro anos depois, o diretório estudantil da universidade aprovou a BDS.

Incidentes antissemitas clássicos (pichações com a suástica, por exemplo, que apareceram pelo menos duas vezes em 2018 na Universidade Duke) ainda superam os incidentes antissionistas nos *campi* universitários, segundo a Amcha, uma organização que investiga o antissemitismo nas universidades dos Estados Unidos. Mas os números ocultam duas diferenças importantes entre uma coisa e outra. A primeira é que, nos casos antissemitas "clássicos", o perpetrador costuma agir sozinho e sem ter qualquer afiliação organizacional. A segunda é que, na vasta maioria dos incidentes antissionistas, o perpetrador "tem a intenção de prejudicar os membros pró-Israel da comunidade universitária" e tem sete vezes mais probabilidade de ser afiliado a algum grupo do que nos casos clássicos. Segundo o relatório de 2017 da Amcha, "incidentes relacionados a Israel são significativamente mais propensos a contribuir para um *campus* hostil".

O objetivo desses ativistas e professores, mesmo quando não dito, é tornar suas universidades hostis para certas ideias judaicas centrais e, assim, fazer com que os judeus não as expressem. Como disse Einat Wilf, uma ex-membro do Knesset[3] e afiliada ao Partido Trabalhista de Israel, "o antissemitismo opera com a gradativa restrição dos espaços onde os judeus possam se sentir bem-vindos e confortáveis, até que não sobre nenhum".

O problema não se resume ao fato de que, na imensa maioria dos *campi* de elite, o antissionismo tenha se tornado agora uma plataforma do progressismo, ao lado do direito ao aborto, da legalização das drogas e da justiça racial. Ocorre, também, que essas tendências saltaram do pátio para o mundo real, onde o direito à existência de Israel agora é questionado — seja implícita ou explicitamente — por pessoas com imensos poderes políticos e

---

[3] O parlamento unicameral de Israel. O termo hebraico significa "assembleia", "reunião". (N.T.)

culturais, incluindo intelectuais célebres, como Michelle Alexander, autora de *The New Jim Crow*, e congressistas democratas famosas como Rashida Tlaib, do Michigan.

A BDS pode não ter sido aprovada na maioria dos *campi*, mas foi muito bem-sucedida em moldar a visão de mundo dos progressistas, que cada vez mais vêm a acreditar que Israel está no lado errado da história, que se identificar como sionista é o mesmo que se identificar como racista, e que – o mais incrível de tudo – o próprio Estado judeu é um projeto supremacista branco.

Quando o antissionismo se torna uma posição política normativa, o antissemitismo ativo se torna a norma. Pois, se você acredita que o sionismo é racismo, daí se segue que os sionistas são racistas. E todo mundo sabe o que deveria acontecer com os racistas.

—

É justo equiparar antissionismo e antissemitismo?

O ex-rabino chefe do Reino Unido, Jonathan Sacks, afirmou de forma direta: "Na Idade Média, os judeus eram odiados por sua religião. No século XIX e no começo do século XX, eles eram odiados por sua raça. Hoje, eles são odiados por seu estado-nação, Israel". Todas essas três espécies de ódio insistem na mesma coisa: "Os judeus não têm o direito de existir coletivamente como judeus e tendo os mesmos direitos que os outros seres humanos".

E, no entanto, é possível justificar intelectualmente que o antissionismo e o antissemitismo são coisas distintas.

Em primeiro lugar, existe uma longa história de judeus antissionistas. Os judeus antissionistas de hoje apontam prontamente (e com orgulho) para o Bund[4], que surgiu na Rússia em 1897, mesmo ano em que Theodor Herzl fundou a Organização Sionista Mundial. A solução de Herzl para o sofrimento judaico foi a autodeterminação judaica. Os socialistas do Bund não concordavam com isso. A maneira de lidar com o crescente antissemitismo europeu não era fugindo para o Oriente Médio, o Bund

---

[4] Membros do Bund (União Geral dos Trabalhadores Judeus da Lituânia, Polônia e Rússia), organização surgida em 1897. Formada por proletários e artesãos judeus, opôs-se aos bolcheviques e, claro, pagou caro por isso. (N.T.)

argumentava, mas permanecendo onde estava e se aliando em solidariedade à classe trabalhadora.

O Bund e o mundo que ele defendia não existem mais. No entanto, suas ideias – ideias que, diferentemente do sionismo, não conseguiram salvar os judeus da opressão sistemática ou do assassinato em massa – estão hoje sendo retomadas mais uma vez. Claro que a diferença crucial é que, quando o Bund se opôs a Israel na Rússia do começo do século XX, o Estado ainda não existia de fato. E o grupo tampouco sabia do banho de sangue que Hitler desencadearia na Europa. E, mesmo assim, a despeito das lições da história, vários grupos esquerdistas, alguns compostos sobretudo por judeus, continuam a se opor à existência de Israel.

Alguns judeus, por razões teológicas, há muito e ardentemente se opõem à criação de um Estado judeu. Acreditam que, até a vinda do Messias, os judeus não têm o direito de estabelecer um Estado na Terra Santa. Essa é a visão de grupos como o Neturei Karta, tão marginal para o judaísmo do século XXI quanto a Igreja Batista de Westboro é para o cristianismo. No entanto, seus membros são tidos como judeus por excelência por antissemitas da esquerda como Jeremy Corbyn, bem como por governos direitistas como o da República Islâmica do Irã. Um membro do Neturei Karta até trabalhou para Yasser Arafat: Moshe Hirsch foi seu ministro de assuntos judaicos.

Há também um histórico de sionistas antissemitas. Arthur Balfour era o secretário de relações exteriores da Grã-Bretanha que fez do retorno dos judeus à terra de Israel a política britânica oficial. Em 1917, em uma carta breve para Lorde Rothschild, ele afirmou: "O Governo de Sua Majestade vê com olhos favoráveis o estabelecimento na Palestina de um lar nacional para o povo judeu, e dedicará os seus melhores esforços para facilitar a conquista desse objetivo, ficando claramente compreendido que nada será feito que prejudique os direitos civis e religiosos das comunidades não judaicas existentes na Palestina ou os direitos e o status político usufruído pelos judeus em qualquer outro país".

Mas o autor da famosa Declaração Balfour também apoiava a emigração dos judeus para a terra de Israel porque não queria que judeus do Leste Europeu, fugindo dos *pogroms*, fossem para a Grã-Bretanha. Essa é a razão pela qual, em 1905, ele apoiou uma lei que limitava a imigração de judeus para o país. Pelos mesmos motivos antissemitas, na década de 1930, o governo polonês apoiou a emigração de judeus para Israel.

Hoje, ainda existem alguns judeus antissionistas, assim como existem alguns sionistas antissemitas. Mas apontar para essas ideologias marginais — e elas são bastante marginais; a vasta maioria dos judeus pelo mundo se identifica como sionista — impede que enxerguemos a realidade presente da existência de Israel. Ele não é uma abstração.

Então, quando as pessoas dizem que são antissionistas, é importante ter consciência do que elas almejam. O que elas almejam é a eliminação de um estado concreto no lar ancestral dos judeus, em que mais de seis milhões destes, em sua maioria com ascendência do Oriente Médio, vivem com suas famílias, sem mencionar cerca de dois milhões de cidadãos não judeus, que não são poupados quando Israel é atacado por seus inimigos. Com a notável exceção de algumas poucas centenas de dedicados anarquistas no Brooklyn e em Berkeley que pensam que todos os estados-nações devem desaparecer, os antissionistas não apoiam a eliminação de nenhum outro país do mundo. Apenas um Estado. O Estado judeu.

Muitos de nós nos tornamos em grande medida anestesiados para a realidade de que há um importante movimento político no Ocidente que acredita que apenas um estado no mundo é ilegítimo. Por que apenas esse estado específico, uma vez que tantas outras nações modernas (Líbano, Iraque, Síria) também foram forjadas pela guerra e pelo deslocamento, com fronteiras desenhadas por potências imperiais cujos impérios desapareceram? Por que apenas esse é ilegítimo?

E o que acontecerá quando o sonho antissionista — uma solução de um Estado ou a eliminação de Israel — for imposto? Ter até mesmo um conhecimento mais superficial da política e da história do Oriente Médio nos faz concluir que isso resultaria em uma enorme carnificina ou num genocídio 75 anos após o fim do Holocausto. Se a experiência cristã na região — para não mencionar a dos iazidis ou zoroastras — nos ensinou alguma coisa é que as minorias no Oriente Médio contemporâneo não podem sobreviver sem proteção. Quando os antissionistas pensam sobre o que aconteceria se a sua visão fosse concretizada, imaginam que os israelenses fariam as malas e voltariam para o Afeganistão, a Hungria e a Etiópia? Claro que não. Eles lutariam. A cantilena do sonho antissionista assegura uma realidade muito sangrenta, e os antissionistas devem ser forçados a justificar isso.

Com frequência, os antissionistas alegam que criticam apenas Israel, e que aqueles que os chamam de antissemitas estão apenas tentando calar essas críticas. O acadêmico britânico David Hirsh apelidou isso de Formulação

Livingstone por causa de Ken Livingstone, o ex-prefeito de Londres que investiu em um chororô antissemita em 2005, insistindo em afirmar que aqueles ultrajados pelo seu óbvio antissemitismo estavam apenas tentando calar suas críticas a Israel. A Formulação Livingstone, Hirsh escreveu, "é uma forma de ignorar uma acusação de antissemitismo: reagir como uma contra-acusação indignada, de que o acusador faz parte de uma conspiração para silenciar o discurso político". O artifício permite ao acusado difamar a pessoa, dizendo que ela usa de má-fé, e também fazer com que até o antissemitismo mais ostensivo seja confundido com uma crítica justa a Israel.

Sem dúvida, às vezes acontece de uma crítica legítima a Israel ser mal interpretada como algo mais sombrio. Mas, com frequência, a despeito das alegações antissionistas, a coisa funciona de forma oposta. Em um festival em Oslo, em março de 2019, por exemplo, um *rapper* perguntou se havia judeus na plateia. "Fodam-se os judeus", ele disse. É difícil imaginar que "fodam-se os judeus" seja qualquer outra coisa senão uma afirmação de antissemitismo. E, no entanto, o procurador-geral da Noruega decidiu não encarar isso como discurso de ódio, dizendo ser possível que a afirmação fosse uma "crítica a Israel".

"Os judeus são a nossa desgraça", o Partido Nazista alemão proclamou certa vez. Hoje, em uma virada típica por meio da qual Israel se tornou o substituto para "judeu", o partido neonazista alemão Die Rechte tem como *slogan* de campanha "Israel é a nossa desgraça". Talvez os apologistas mais desavergonhados digam que isso é "apenas" antissionismo, mas é, claramente, antissemitismo com uma nova roupagem.

Não estou dizendo que criticar a política de Israel seja antissemita. De forma alguma. Assim como acredito que uma parte crucial de ser um patriota americano não se resume a defender os Estados Unidos, mas insistir para que o país cumpra a sua promessa, parte de ser sionista é responsabilizar Israel pelos erros que cometer.

Muitos outros podem dizer tudo sobre as políticas atuais do governo israelense. Quanto a mim, estou profundamente angustiada com a opressão do rabinato sobre a vida judaica em Israel — uma opressão que senti pessoalmente quando, em março de 2019, um jovem ultraortodoxo cuspiu em mim no Muro das Lamentações. Acredito que o governo atual[5] está traindo

---

[5] Ela se refere ao governo de Benjamin Netanyahu, no poder quando o livro foi escrito. Netanyahu deixou de ser o primeiro-ministro de Israel em junho de 2021, mas voltou a sê-lo em dezembro de 2022. (N.T.)

seis milhões de assassinados ao se aliar a nacionalistas de extrema direita como Viktor Orbán, que transformou a Hungria no que ele orgulhosamente chama de democracia iliberal enquanto leva a cabo uma campanha de revisionismo do Holocausto patrocinada pelo Estado. Acredito que o primeiro-ministro Benjamin Netanyahu profanou o Estado judeu quando trouxe o partido assumidamente racista Otzma Yehudit para a sua coalizão governista. Ver jovens palestinos esperando em postos de controle faz com que eu me desespere.

Pegue o jornal de hoje. Nele você certamente lerá sobre inúmeras desgraças da política de Israel. Melhor ainda, ouça uma mísera hora de debates no Knesset.

Mas sentir a necessidade de se explicar ou desculpar excessivamente por esse ou aquele erro israelense é se render ao dilema que Bob Dylan expôs de forma brilhante em "Neighborhood Bully", pelo qual Israel é "criticado e condenado por estar vivo". Ou, como Susan Rice formulou de forma menos poética, mas igualmente clara: "Nenhum país é imune à crítica, nem deveria ser. Mas quando essa crítica assume a forma de isolar apenas um país de maneira injusta, amarga e incansável, uma e outra vez e de novo, isso é errado – e todos nós sabemos disso".

Antissionismo não é criticar as políticas de Israel ou expressar preocupação sobre a direção tomada pelo país. É demonizar e deslegitimar e, no limite, eliminar um Estado específico que existe no mundo real.

Imagine um jovem casal falando sobre ter filhos. Os pares têm questões legítimas para discutir um com o outro: temos dinheiro suficiente? Nosso apartamento é grande o bastante? Queremos mudar a nossa vida de forma tão radical? Queremos nos tornar pais? Uma vez que eles têm o bebê, contudo, essa conversa se torna imoral.

Ser um antissionista na Polônia antes do Holocausto era uma coisa. Ser um antissionista hoje é algo totalmente diferente. Não é se opor de forma ideológica a uma ideia. É ser contra a maior comunidade judaica do planeta.

Você pode sugerir que as políticas atuais do Estado judeu traem os valores judaicos. Você pode afirmar que o sionismo contemporâneo não é o que os nossos ancestrais defendiam. Mas você não pode apagar a linha clara da história judaica que leva os judeus de volta para aquela terra. Ela é tão fundamental quanto a nossa libertação da escravidão, uma ideia tão central quanto a da nossa aliança com Deus. Isso é parte da razão pela qual 92% dos judeus norte-americanos se identificam como "pró-Israel", ainda que a maioria deles seja crítica de algumas políticas do Estado israelense, segundo uma pesquisa feita pelo Mellman Group em 2018.

Como Milton Steinberg escreveu em "The Creed of an American Zionist" ["A Crença de um Sionista Americano"]: "O primeiro erro do antissionista é que ele incompreende o judaísmo". Para o antissionista, ele afirma, "o judaísmo é apenas uma religião, e os judeus são membros de uma igreja. Daí, noções como pátria e comunidade são totalmente inapropriadas." Quanto a isso, escreve Steinberg, "ele erra de novo por falta de imaginação. Escapa a ele que outros judeus vivem em cenários diferentes dos dele, e que as circunstâncias mudam os casos. Os Estados Unidos são um país uninacional e, exceto por culturas secundárias, unicultural. Aqui, o judaísmo assume a forma de uma entidade religiosa-cultural. Mas a Polônia, a Romênia e a União Soviética são compostas de vários povos, diversas culturas e nacionalidades. Lá, os judeus também constituem, segundo a lei e a opinião pública, uma *nacionalidade*."

Isso foi publicado na revista *The Atlantic* em 1945, mas poderia facilmente ter sido escrito hoje. A diferença é que agora os antissionistas têm décadas de mais evidências — não só da necessidade de Israel, mas do milagre de sua habilidade de continuar essencialmente liberal em uma região iliberal. Mesmo assim, eles ainda se opõem à sua existência.

Os antissionistas dirão que se opõem ao nacionalismo, mas defendem o nacionalismo palestino. Eles dirão que se importam com as minorias religiosas, mas, curiosamente, ficam em silêncio quanto ao tratamento dos uigures na China ou ao êxodo moderno e forçado dos cristãos do Oriente Médio. Eles dirão que se importam com os direitos indígenas, mas ignoram a verdade inconveniente de que existe a presença de judeus na terra histórica de Israel desde a destruição do Templo. Eles dirão que Israel foi estabelecido por potências imperiais estrangeiras, mas ignorarão que a Índia moderna, por exemplo, foi estabelecida da mesma forma. De algum modo, ninguém que alega se opor ao nacionalismo jamais sugeriu eliminar a Índia.

Os antissionistas dirão que têm fixação por Israel porque se importam com os refugiados palestinos. Mas o que eles dizem sobre os milhões de sírios refugiados? Ou, a propósito, sobre os mais de dois milhões de palestinos que estão na Jordânia, dos quais mais de 370 mil permanecem em campos de refugiados?

Com frequência, os antissionistas citam as políticas de segurança e assentamento de Israel como justificativas para se opor ao Estado como um todo. Mas, se as políticas antidemocráticas contra os palestinos são o que importam, elas só importam na medida em que os judeus estão envolvidos. No Líbano, há cerca de 450 mil palestinos. Mais de 50% deles, segundo as Nações Unidas, vivem nos doze campos de refugiados que existem no país. Em parte, isso ocorre porque o Estado proíbe por lei que eles exerçam cerca de vinte profissões, incluindo medicina, direito, engenharia e contabilidade.

Qualquer pessoa honesta tem de admitir que houve e ainda há injustiças cometidas por Israel. Como quaisquer outros estados-nações, Israel desalojou pessoas. Em 1947, Israel aceitou o Plano de Partilha da ONU e os árabes recusaram. Então, em maio de 1948, quando Israel proclamou a independência, os exércitos de cinco países árabes, cooperando com o grande mufti de Jerusalém, declararam uma guerra de intenções genocidas contra o estado recém-criado, no decorrer da qual 750 mil árabes fugiram ou foram expulsos. A tragédia disso é inegável.

Essa tragédia é agravada quando você assiste a soldados israelenses policiando, por exemplo, o acanhado posto avançado judeu em Hebron. Isso é uma fonte de enorme desconforto, mesmo que você saiba do *pogrom* árabe que, em 1929, acabou com muitos séculos de vida judaica na cidade; mesmo que você saiba que o Rei Davi reinou ali; mesmo que você acredite que o Túmulo dos Patriarcas só fique atrás do Monte do Templo em termos sagrados. O sofrimento dos palestinos ali é um peso na alma judia. Incluindo na minha.

Mas seria obsceno afirmar que os erros de Israel são indistinguíveis dos campos da morte do Sudão ou da depravação do estado escravista norte-coreano. E, no entanto, é o estado judeu que isolam e condenam uma e outra vez. Segundo o observatório das Nações Unidas, entre 2006 e 2016, o Conselho de Direitos Humanos da ONU condenou Israel em 68 ocasiões. O país mais próximo disso foi a Síria, com vinte condenações. A Coreia do Norte tinha nove. China, Arábia Saudita e Paquistão: zero.

No entanto, exceto por alguns ativistas, colunistas e defensores incansáveis, entre eles Hillel Neuer, chefe do observatório da ONU, esse preconceito raramente é chamado pelo que é. "O truque mais esperto do diabo", disse Baudelaire, "é nos convencer de que não existe." Algo similar ocorre com o antissionismo, cujos seguidores persuadiram o mundo de que sua ideologia não é o que parece ser.

O antissionismo é antissemitismo não só por conta da realidade atual. O antissionismo é antissemitismo também por causa da história.

Na escola judaica, falávamos bastante sobre Hitler; no almoço, fazíamos uma brincadeira sombria na qual especulávamos em voz alta quem sobreviveria. À noite, eu tinha pesadelos terríveis nos quais a minha família era caçada. Mas não estou certa de que alguma vez ouvi meus professores citarem o nome de Stalin, quanto mais o de Lenin. Considerando que havia judeus russos recém-imigrados em nossa escola — crianças que eram sacaneadas por seus sotaques e cortes ruins de cabelo —, a omissão é desconcertante. Nós, os mimados, sabíamos muito pouco sobre o que suas famílias tinham passado na União Soviética, o que seus pais sacrificaram por uma vida melhor aqui.

Então, por que sabíamos tanto sobre Hitler e tão pouco sobre o antissemitismo que assolou o lugar hoje chamado Rússia? Se fosse uma questão de contagem de corpos, a de Stalin foi muito maior. Talvez fosse porque vários dos nossos avós sobreviveram aos campos de extermínio de Hitler. Talvez fosse porque a identificação dos judeus norte-americanos com a esquerda política tornasse a opressão dos judeus pelos comunistas de algum modo menos ruim ou, no mínimo, um tópico de discussão menos confortável. O sonho de um mundo melhor significa muito para os norte-americanos e, em especial, para os judeus norte-americanos, de uma maneira que a política sangue-e-solo jamais significará. Talvez — como eu viria a saber já adulta, quando lesse sobre a Conspiração dos Médicos ou a Noite dos Poetas Assassinados — fosse por causa do papel sórdido e trágico que os judeus desempenharam nessa vertente da história antissemita. Talvez fosse um recuo em vista dos excessos do macarthismo.

Ou talvez fosse o feliz resultado do maciço ativismo dos judeus norte-americanos em benefício dos judeus soviéticos na década de 1980, que Gal Beckerman documenta em seu soberbo livro *When They Come for Us, We'll Be Gone* [*Quando Vierem Atrás da Gente, Não Estaremos Mais Aqui*]. Em 6 de dezembro de 1987, aos três anos de idade, junto com os meus pais e outras 250 mil pessoas, eu marchei em Washington, D.C., exigindo a libertação dos judeus soviéticos. No fim das contas, eles foram libertados. A Cortina de Ferro caiu. Talvez porque os mocinhos venceram, a devastação do antissemitismo soviético se tornou uma lembrança que desapareceu rapidamente.

Mas o grande e sórdido legado do antissemitismo na esquerda política é algo que vale muito a pena relembrar hoje. Como muitas pessoas bem-intencionadas buscam entender por que um grupo muito pequeno, mas bastante barulhento, de judeus parece se opor de forma tão profunda aos interesses judaicos quanto os inimigos da nossa comunidade, esses judeus precisam ser compreendidos dentro de um contexto, como parte de uma longa história de movimentos esquerdistas antissemitas que foram bem-sucedidos em recrutar os judeus como agentes de sua própria destruição.

A conversa inevitavelmente começa com Marx. O debate sobre o possível antissemitismo de Marx se concentra, em grande parte, no ensaio "Sobre a Questão Judaica", que contém passagens como esta: "Qual é a religião terrena do judeu? A usura. Qual é o seu deus terreno? O dinheiro." Alguns dizem que essas palavras só podem ser lidas como um antissemitismo passional. Outros dizem que Marx está apenas ridicularizando falas antissemitas. Outros, ainda, sustentam que Marx quer salientar que o próprio antissemitismo isola, de forma correta, características para condenar — como a ganância capitalista —, mas isso não significa que os judeus sejam de algum modo condenados. Alguns afirmam que é tudo uma ironia.

Sugiro que você leia o ensaio inteiro e julgue por si mesmo. Mas o resultado histórico da obra de Marx é claro: o filósofo esquerdista mais importante e duradouro foi bem-sucedido em identificar os judeus com o capitalismo, o grande mal das ideologias esquerdistas. Muita coisa advém dessa conexão. A saber, a concentração dos movimentos revolucionários esquerdistas no mal particular dos judeus; a tendência desses movimentos de fingir o contrário; e a necessidade dos judeus que participam desses movimentos de provar que não são, na verdade, a fonte de tudo o que está doente na sociedade.

Sob o governo estatal unipartidário de Lenin, isso assumiu a forma da Yevsektsiya, a seção judaica do partido bolchevique, controlada por — quem mais? — judeus. Era a solução perfeita. O Estado podia banir o judaísmo e criminalizar o sionismo, e Lenin podia apontar a existência da seção judaica como prova de que os comunistas eram, na verdade, filossemitas. Os judeus podiam se filiar — e perseguir outros judeus — para provar que eram membros comprometidos do partido.

Como Richard Pipes escreveu em *Russia Under the Bolshevik Regime* [*A Rússia Sob o Regime Bolchevique*], a Yevsektsiya "perseguiu a sua própria religião com zelo excepcional a fim de provar que os antissemitas estavam errados". A guerra que travaram era ao mesmo tempo física e cultural. O hebraico foi considerado ilegal; a prática da religião judaica foi proibida.

Rabinos foram torturados ou mortos. E, enquanto toda organização judaica era atacada, o movimento sionista e seus ativistas — esses nacionalistas nefastos — foram isolados e tratados com especial violência.

Os comunistas judeus que comandavam a Yevsektsiya, aterrorizando seus pares e demolindo a política e a cultura judaicas, o que eles ganhavam com isso? Com certeza, algumas dessas pessoas realmente acreditavam estar sacrificando algumas vidas judias para salvar a maioria. Talvez alguns acreditassem que, pelo menos, podiam proteger a si mesmos. Ou talvez fossem covardes. Deve ser o caso de haver alguns verdadeiramente fiéis à visão bolchevique.

Veja o caso de Esther Frumkin (nascida Chaya Malka Lifshits), uma das líderes da Yevsektsiya e também editora do jornal comunista em iídiche *Der Emes* ("A Verdade"). "Se o povo russo começar a sentir que somos parciais em relação aos judeus, isso será ruim para os judeus", ela escreveu. "O perigo é que as massas possam pensar que o judaísmo seja eximido da propaganda antirreligiosa. Por isso, os judeus comunistas devem ser ainda mais impiedosos com os rabinos do que os comunistas não judeus são com os padres."

Claro que, no fim das contas, como sempre acontece, o regime que esses judeus serviram tão zelosamente também se virou contra eles. Esther Frumkin foi capturada e presa em 1938 com outros "membros inveterados do Bund" e "nacionalistas contrarrevolucionários". Ela foi sentenciada a oito anos em um campo de detenção; morreu lá, em 1943. Se você pegar uma brochura marxista hoje, verá que ela ainda é louvada como uma heroína.

A Yevsektsiya torna clara a barganha dos judeus com a extrema esquerda — uma barganha que continua a mesma hoje: a condição mutiladora para serem totalmente aceitos é guerrear contra qualquer coisa que cheire a especificidade judaica, cujas fronteiras sempre são incertas. É afinidade para com o Estado de Israel? É dar muita ênfase a questões judaicas em seus textos? Ou ter muitos personagens judeus? É falar gesticulando com as mãos? As linhas estão sempre se movendo.

Stalin levou as coisas um passo além do que Lenin fizera, combinando o ódio às particularidades judaicas com certo grau de antissemitismo russo à antiga. Todo aspecto da cultura judaica, incluindo o iídiche, que era a língua dos comunistas judeus, teve de ser despido de sua judaicidade. As palavras eram literalmente pronunciadas de forma diferente para apagar suas origens hebraicas.

Em 1941, Stalin oficialmente recrutou seus judeus para o que chamou de Comitê Judaico Antifascista. Ele era composto por várias das maiores celebridades — escritores, atores e poetas — da União Soviética. O trabalho desses judeus era duplo: atuar como fachada para o grande líder e obter suporte dos judeus norte-americanos na luta contra o fascismo.

O que houve com esses judeus que trabalharam incansavelmente para Stalin? No fim das contas, o tirano determinou que eles não eram nada além de agentes de uma "conspiração sionista". Três anos após o fim do Holocausto, o chefe do comitê, Solomon Mikhoels, foi assassinado pela polícia secreta de Stalin. A morte do mais célebre diretor do teatro iídiche de Moscou despertou outro membro do comitê, o poeta Peretz Markish, para a verdadeira natureza de Stalin: "Hitler queria nos destruir fisicamente; Stalin quer nos destruir espiritualmente". Mas, em relação a isso, Markish estava tragicamente errado, no fim das contas. No que hoje é conhecido como a Noite dos Poetas Assassinados (a excelente peça de Nathan Englander sobre esses acontecimentos é chamada *The Twenty-Seventh Man, O Vigésimo Sétimo Homem*), quase todos os judeus leais a Stalin, aqueles membros do Comitê Judaico Antifascista, foram executados por um pelotão de fuzilamento na Prisão de Lubianka, em Moscou, em 12 de agosto de 1952. Peretz Markish estava entre eles.

Ano após ano, conforme Israel consolidava seu poder de permanência, a propaganda de guerra soviética contra o sionismo e os judeus, que começara com Lenin e florescera sob Stalin, foi conduzida contra uma nação de verdade e milhões de judeus soviéticos. Essa estratégia se aprofundou após a Guerra dos Seis Dias, em 1967, quando a chocante vitória de Israel contra os títeres árabes da União Soviética, vitória que reforçou a longeva aliança de Israel com os Estados Unidos, deu à URSS mais razões do que nunca para demonizar o estado judeu e acusar os judeus soviéticos de ter lealdade dúplice. Ao travar uma guerra contra Israel por meio de seus títeres e de sua propaganda, a União Soviética pôde dar ânimo àquelas nações árabes humilhadas pela derrota, minar os interesses norte-americanos no Oriente Médio e justificar sua perseguição aos judeus soviéticos. Sua formulação tríplice para se opor a Israel, aos Estados Unidos e aos judeus da diáspora continua a guiar o pensamento de muitos esquerdistas nos dias de hoje.

Como a acadêmica judia Izabella Tabarovsky, nascida na União Soviética, tem demonstrado em uma série de ensaios perspicazes, a União Soviética foi incansável e brutal em seus esforços. A URSS produziu centenas de livros e milhares de artigos atacando o sionismo, muitos dos quais o comparavam diretamente com o nazismo. Essa propaganda foi traduzida em dúzias de idiomas e alcançou novos públicos graças, também, a estações de rádios estrangeiras. A KGB chamou isso de Operação SIG (de *Sionistskiye Gosudarstva*, ou "Governos Sionistas"). "Ao desenvolver essas ideias, os ideólogos soviéticos se inspiraram nos *Protocolos dos Sábios de Sião*, nas ideias do antissemitismo religioso clássico e até mesmo no *Mein Kampf*, mas as adaptaram para o quadro referencial marxista ao substituir o conceito de uma conspiração sionista global antissoviética por uma conspiração especificamente judaica", Tabarovsky escreve. "O poder judaico se tornou o poder sionista. Os banqueiros judeus ricos e traiçoeiros controlando o dinheiro, os políticos e a mídia se tornaram os ricos e traiçoeiros sionistas. O judeu como anticristão se tornou o judeu como antissoviético. Em vez do judeu como o diabo, eles apresentaram o sionista como um nazista."

Havia mais de um público disposto a ouvir essa mensagem. Em países nos quais o antissemitismo estava profundamente enraizado, como a Rússia e a Romênia, a mensagem era uma reverberação de temas muito antigos. A KGB encontrou novos públicos em países muçulmanos amargurados por sua derrota para Israel, e em nações africanas que, muito compreensivelmente, odeiam o racismo e o colonialismo, com os quais a incansável propaganda soviética identificou o sionismo.

Os *Protocolos* foram traduzidos para o árabe e distribuídos pelo mundo muçulmano. Enquanto isso, encontraram um parceiro entusiasmado na pessoa de Yasser Arafat. (Os detalhes sórdidos do relacionamento entre os soviéticos e Arafat podem ser encontrados em *Red Horizons* [*Horizontes Vermelhos*], as memórias de Ion Mihai Pacepa, o oficial da inteligência de cargo mais elevado a desertar do bloco oriental.) Incapaz de derrotar Israel em uma batalha convencional, as nações inimigas dos judeus escolheram o terrorismo e a guerra de informações como as novas frentes, e os soviéticos brilhantemente transformaram as Nações Unidas em um fórum para a sua guerra por procuração. Em 1974, Arafat fez um discurso na ONU no qual articulava de forma perfeita os frutos da Operação SIG. "A velha ordem mundial está desmoronando diante dos nossos olhos, enquanto o imperialismo, o colonialismo, o neocolonialismo e o racismo, dos quais a forma principal é o sionismo, perecem de forma inelutável", asseverou.

"O sionismo é uma ideologia imperialista, colonialista, racista; ela é profundamente reacionária e discriminatória; ela está unida ao antissemitismo em suas teias retrógradas e, ao fim e ao cabo, é o outro lado da mesma moeda", Arafat proclamou. Três décadas depois, meus professores universitários diziam a mesma coisa.

E Arafat, no que se tornou uma ideia fixa da esquerda moderna, traçou uma rígida distinção entre judaísmo e sionismo. "Enquanto mantemos nossa oposição ao movimento sionista colonialista", ele disse, "respeitamos a fé judaica. Hoje, quase um século após a ascensão do movimento sionista, desejamos alertar sobre o seu perigo cada vez maior para os judeus do mundo, para o nosso povo árabe e para a paz e a segurança mundiais. Pois o sionismo encoraja o judeu a emigrar de sua terra natal e lhe concede uma nacionalidade artificialmente criada."

Outros seguiram a deixa de Arafat. No ano seguinte, o ditador Idi Amin clamou aos Estados Unidos que "desfizessem sua sociedade com os sionistas" e pela "extinção de Israel enquanto Estado". Então, em 1975, essa batalha de títeres da Guerra Fria alcançou o sucesso com a resolução "sionismo é racismo" nas Nações Unidas. "Havia fantasmas assombrando o Terceiro Comitê naquele dia: os fantasmas de Hitler e Goebbels e Julius Streicher, sorrindo, deleitados, ao ouvir que não só Israel, mas os judeus enquanto tais eram denunciados em uma linguagem que teria arrancado aplausos histéricos em qualquer comício em Nuremberg", escreveu o jornalista e acadêmico britânico Goronwy Rees, que testemunhara o debate sobre a resolução. "Pois a principal tese advogada pelos apoiadores da resolução [...] era a de que ser judeu e ter orgulho disso, e ter a determinação de preservar o direito de ser judeu, é ser inimigo da raça humana."

Por fim, em 1991, a famosa resolução que declarou que o "sionismo é uma forma de racismo e discriminação racial" acabou rejeitada, mas o dano estava feito, conforme evidenciado pela minha interação com uma graduanda totalmente ingênua, mais de uma década depois, no metrô de Nova York.

"A abominação do antissemitismo recebeu a aparência de uma sanção internacional", disse Daniel Patrick Moynihan, então o embaixador norte-americano nas Nações Unidas, no dia em que a resolução passou. "A terrível mentira contada aqui hoje terá consequências terríveis." Não estou certa de que ele teria como imaginar o quão normativa a mentira se tornou.

Ele teria como imaginar que, em 2019, a edição internacional do *New York Times* publicaria por engano uma tira de Benjamin Netanyahu, primeiro-ministro de Israel, retratado como um cachorro, usando uma coleira com a estrela de Davi e conduzindo um Donald Trump cego e de quipá?

Uma tira que poderia ter sido feita pela KGB em 1970? Ele seria capaz de imaginar jovens lésbicas judias e antissionistas declarando, como fizeram em junho de 2019, em Washington, D.C., que, "quando outros judeus confundem antissemitismo com antissionismo e antinacionalismo, isso faz com que sintamos raiva e tristeza. Faz com que nos sintamos mais distantes da verdadeira libertação. Ser judeu é ter uma história de trauma e opressão." Como se *isso* fosse o que significa ser judeu. Ele teria imaginado que, nos espaços mais elitistas em todo o país, as pessoas declaram, irrefletidamente, que Israel é um estado racista e que o sionismo é racista, sem perceber que estão participando de uma conspiração soviética, sem perceber que estão se alinhando com os maiores assassinos em massa da história moderna?

Se Hitler é o responsável pela grande mentira contada sobre os judeus no século XX, a União Soviética é responsável por gerar a grande mentira contada sobre os judeus no século XXI. E, como disse o escritor israelense Yossi Klein Halevi, a "ameaça existencial" da mentira antissionista repousa no fato de que "ela declara guerra à história do povo judeu".

—

Ao mesmo tempo que os progressistas, consciente ou inconscientemente, abraçaram a mentira soviética de que Israel é um posto avançado do colonialismo que deve ser enfrentado, a ideia da interseccionalidade adquiriu uma força tremenda na esquerda progressista. A interseccionalidade se tornou tão importante que candidatas à presidência como Kirsten Gillibrand declararam que o futuro não é apenas feminino, é interseccional, como ela recentemente postou no Twitter. Infelizmente, essa é uma ideia que tem sido transformada em arma às custas dos judeus e prejudicado a nossa habilidade de combater o antissemitismo ao lado daqueles que deveriam ser os nossos aliados.

Essa nunca foi a intenção da interseccionalidade. A ideia por trás dessa teoria da opressão é muito atrativa porque observa algo que é obviamente verdadeiro. A acadêmica do direito Kimberlé Crenshaw cunhou o termo em 1989 para explicar como pessoas com múltiplas identidades minoritárias podem ser discriminadas de múltiplas maneiras. Em específico: quando a General Motors se recusava a contratar mulheres negras, isso se dava porque elas eram negras ou porque eram mulheres? Ou ambos? Esse era o desafio no caso-chave citado por Crenshaw, *DeGraffenreid vs. General Motors*

(1976), no qual cinco mulheres processaram a GM por discriminação nas contratações. Na época do processo, a GM tinha vagas para homens negros no chão da fábrica e para mulheres brancas como secretárias. Mas nenhuma dessas vagas poderia ser preenchida pelas mulheres negras. Para um dos trabalhos, elas eram muito femininas. Para o outro, eram muito negras.

Naquela época, o direito americano colocava questões de raça e gênero em dois cestos separados. Então, o caso foi rejeitado e a justiça foi negada às mulheres. Como Crenshaw escreveu: "Por quê? Porque o tribunal acreditava que não se deveria permitir às mulheres negras combinar suas demandas de raça e gênero em um só processo. Porque não podiam provar que o que aconteceu com elas era exatamente o que acontecia com mulheres brancas ou homens negros, a discriminação que ocorreu contra essas mulheres negras foi ignorada."

Se a interseccionalidade funcionasse apenas como um quadro referencial para compreender o mundo — por que certas pessoas (homens brancos) podem ser duplamente abençoadas, enquanto outras (mulheres negras) podem ser duplamente prejudicadas? —, eu seria a primeira a sugeri-la. Mas, na realidade, a interseccionalidade tende a funcionar como um sistema de castas, o reverso do sistema de castas que dominava a história ocidental até cinco minutos atrás. Se os homens brancos e héteros historicamente se sentaram no topo da hierarquia, agora aqueles mais oprimidos (negros, transgêneros, deficientes) estão no cume e, além disso, são tidos como mais verdadeiros e morais do que aqueles com maiores vantagens raciais, de gênero, sexuais ou físicas. Nessa escada, que não deixa espaço para apreciar como os poderosos têm, há muito tempo, usado os judeus como bodes expiatórios, os judeus estão lá embaixo, apenas um degrau acima dos homens brancos e heterossexuais. Muitos judeus, no fim das contas, podem ser apresentados como brancos. Logo, eles não podem ser vítimas.

A interseccionalidade é a razão pela qual sempre que os neonazistas atacam os judeus, os progressistas condenam a agressão com firmeza, mas, quando o perpetrador é um islâmico ou um negro apoiador de Farrakhan, várias dessas mesmas pessoas desviam o olhar. A interseccionalidade é a razão pela qual grupos feministas têm tanto a dizer sobre as ações de Israel (enquanto Estado colonialista branco), mas nada a dizer quando gays são caçados pelo Hamas ou enforcados em guindastes de construção no Irã. A mesma lógica se aplica ao silêncio ensurdecedor em relação à burca ou, digamos, à mutilação genital. Se você pode culpar tangencialmente o Ocidente, o Ocidente será culpado. O racismo disso é tão transparente quanto feio.

Conheço uma estudante de uma importante faculdade de artes liberais que, há pouco tempo, fez um curso sobre o Holocausto. A discussão se voltou para Elie Wiesel, escritor e sobrevivente do Holocausto. Um aluno chamou Wiesel de "privilegiado". Por quê? Porque ele "era um homem branco e sem deficiências físicas". Esse é o seu cérebro na interseccionalidade.

Qualquer pessoa que compre esse sistema de castas inevitavelmente menospreza a ameaça contra os judeus, como se tudo fosse um jogo de soma zero para decidir quem sofreu mais. Ele é a razão pela qual, logo após o tiroteio em Poway, um escritor judeu esquerdista tuitou o seguinte: "o assassinato antissemita de judeus empalidece em comparação com a violência racial sistemática contra os negros e outras pessoas". É uma reação estarrecedora.

Segundo o FBI, os judeus têm sido as vítimas da maioria dos crimes de ódio religiosamente motivados nos Estados Unidos, ano após ano, desde 1995. Ataques a judeus continuam a superar os crimes de ódio contra muçulmanos, mesmo em uma época na qual o governo Trump visa de forma explícita à instituição de políticas anti-islâmicas. No entanto, fora dos grandes espetáculos de violência da extrema direita, parece haver pouquíssima consciência – ou talvez seja cegueira proposital – do grau em que os judeus, por serem quem são, tornam-se alvos de norte-americanos de todas as raças e todos os credos.

Por terem sido embranquecidos com sucesso, colocados apenas na classe dos privilegiados, os judeus não têm permissão de criticar ninguém dos grupos historicamente vitimizados – mesmo quando pessoas desses grupos forem aquelas que fazem a vitimização. Critique o antissemitismo e o racismo de Steve King o quanto quiser. Mas criticar Linda Sarsour, líder da Marcha das Mulheres, por seus frequentes arroubos antissemitas? Critique-a e você será considerado não apenas um racista, misógino e islamofóbico como Trump, mas também será acusado de colocar a vida dela em risco ao responsabilizá-la por promover o antissemitismo.

Em uma tentativa virtuosa de corrigir erros históricos, a interseccionalidade replica a mesma lógica (alguns grupos são inerentemente melhores; alguns são inerentemente piores) que tornou a interseccionalidade relevante em primeiro lugar. Isso nos retribaliza, evitando que tratemos as pessoas como indivíduos – uma ideia tão antiamericana quanto a noção direitista de que os norte-americanos brancos são, de algum modo, mais verdadeiramente americanos do que os não brancos.

—

Então, é aqui que estamos. Os judeus que se recusarem a se converter ao progressismo serão cada vez mais difamados como servos da supremacia branca, nos Estados Unidos e no exterior. Enquanto isso, a extrema direita continuará afirmando que os judeus são traidores da maioria branca por, entre outras coisas, votar nos democratas e apoiar a imigração. Dada a primazia da raça na história norte-americana, talvez não devamos nos surpreender ao ver que o papel dos judeus depende da questão da "branquitude". A saber, a esquerda diz que somos brancos; a direita diz que enganamos as pessoas para que elas pensem que somos brancos.

A esquerda transforma os judeus em agentes e beneficiários da supremacia branca de três maneiras fundamentais.

Em primeiro lugar, os judeus norte-americanos são brancos porque muitos de nós temos ascendência do Leste Europeu e a aparência de pessoas daquela região. Nós nos apresentamos como brancos em situações que envolvem a polícia, os empregadores e os provedores de hipotecas. Além disso, nós somos, em grande parte, bem-sucedidos nos Estados Unidos. Esse sucesso nos tornou incapazes de sermos vítimas.

Em segundo lugar, nós, judeus norte-americanos, somos transformados em racistas brancos porque apoiamos Israel, um Estado acerca do qual uma enorme mentira foi contada. A saber, a mentira de que é um empreendimento colonialista branco e uma expressão do imperialismo norte-americano. Esqueça que mais da metade dos judeus que vivem por lá são refugiados do Oriente Médio; que os fundadores do país fugiram da opressão racial e religiosa da Rússia imperial; que Israel foi a única nação ocidental a fazer resgates em massa de pessoas oprimidas da África, libertando-as; e que deu a chance de uma nova vida para centenas de milhares de sobreviventes do Holocausto quando poucos países estavam dispostos a recebê-los.

Em terceiro lugar, somos racistas brancos porque criticamos os antissemitas, inclusive quando esses antissemitas são pessoas de cor. E, ao se manifestar contra o antissemitismo sem abrir exceção àqueles que pertencem a grupos oprimidos, os judeus são considerados opressores.

Curiosamente, as pessoas que são mais enfáticas quanto a tornar os judeus brancos são, de fato, outros liberais brancos. Como demonstrou Zach Goldberg, graduando em ciência política da Georgia State University, a simpatia dos progressistas brancos pelos judeus e por Israel se tornou bem mais condicional de uns anos para cá. "Tendo se recuperado por completo do Holocausto, os judeus não são mais a coletividade oprimida com a qual os progressistas brancos podem simpatizar de imediato. Outros grupos, situados mais abaixo na hierarquia dos privilégios e menos manchados pela associação com a branquitude, têm prioridade agora", escreveu. "Para ver como essa lógica se estende a Israel, considere que a mesma indignação empática quanto à intolerante perseguição dos vulneráveis pelos 'privilegiados' que molda as mutáveis posições políticas sobre os assuntos domésticos é estendida à arena internacional, onde Israel é o palco de todo drama moral", Goldberg continua. "Como os judeus se tornaram as balizas da branquitude na imaginação política liberal – a ponto de Israel ser considerado um estado branco, embora tenha uma ligeira maioria não branca –, eles vieram a ser associados com uma classe opressora."

Essa é a razão pela qual toda pessoa que ousou criticar as líderes da Marcha das Mulheres, Tamika Mallory e Linda Sarsour, foi repreendida, na melhor das hipóteses, como alguém no limite do racismo, enquanto essas mulheres apareciam em lustrosas revistas femininas como as Rosies Rebitadeiras[6] modernas, sem nenhuma menção ao seu apoio ao antissemita, misógino e homofóbico Louis Farrakhan.

Os judeus como supremacistas brancos é a formulação moderna da velha regra. Os judeus são transformados no que quer que uma determinada sociedade odeie mais. No momento, na esquerda progressista, isso é a branquitude. Não que, ressalte-se, muitos judeus não possam ser encarados como brancos: muitos podem e são. Mas não é isso que está em jogo. A questão é a conversão forçada dos judeus em opressores.

Vim a pensar nisso como uma versão esquerdista da teoria da substituição. Se a teoria da substituição da extrema direita postula que os judeus são as ferramentas dos imigrantes e das pessoas mestiças e negras com vistas

---

[6] Tradução livre de "Rosie the Riveter", ícone cultural dos Estados Unidos que representa as mulheres que, durante a Segunda Guerra Mundial, substituíram os homens e foram trabalhar em fábricas e estaleiros, tornando-se imprescindíveis para a economia do país e para o esforço de guerra. (N.T.)

a suplantar a maioria branca, a teoria da substituição esquerdista postula que os judeus são os servos da supremacia branca e de sua personificação atuante em Israel. Essa teoria da substituição é construída com base na mentira de que os judeus não têm nenhuma reivindicação nativa em relação à terra de Israel — uma alegação facilmente refutada pela arqueologia, pela história e pela ancestralidade.

No entanto, essa mentira se tornou difundida. Uma matéria recente do *New York Times* alegou que o fundador do cristianismo "era muito provavelmente um homem palestino de pele escura". Isso é absurdo, e não histórico. Em primeiro lugar, Jesus era judeu. Em segundo, a região onde ele viveu era conhecida na época como Judeia. O jornal corrigiu o erro amplamente disseminado, mas talvez não tenha entendido por completo por que ele foi cometido. O erro se deu porque "palestino" se tornou sinônimo de natividade na Terra Santa.

É claro que ambos os povos — judeus e palestinos — podem ter uma reivindicação de natividade. Penso que podem, e creio que têm. Mas, na versão esquerdista da teoria da substituição, foram os judeus que desalojaram os palestinos. Essa é a razão pela qual a identidade palestina deve ser photoshopada em um judeu antigo (chamar Jesus de judeu é trair sua identidade mais "antiga" e "original" de palestino). E essa é a razão pela qual, segundo essa visão de mundo, o sionismo não é o retorno de um povo nativo, mas uma substituição colonial.

É a teoria da substituição que está por trás dos impressionantes comentários de Marc Lamont Hill de que o "judeu mizrahi" é uma identidade falsa, construída pelos sionistas "como forma de separá-los da identidade palestina". O professor da Universidade Temple devia dizer isso para os judeus do Afeganistão e do Iraque, que viveram durante séculos nesses países como cidadãos de segunda classe.

A teoria esquerdista da substituição esconde-se por trás de comentários como os de Rashida Tlaib, congressista democrata do Michigan: "Há sempre uma espécie de sentimento de calma, digo às pessoas, quando penso no Holocausto e na tragédia do Holocausto, e no fato de que foram os meus ancestrais — palestinos — que perderam sua terra, e alguns perderam suas vidas, seus sustentos, sua dignidade humana; sua existência foi, de muitas formas, aniquilada, bem como seus passaportes. E tudo isso foi feito em nome de uma tentativa de criar um abrigo seguro para os judeus após o Holocausto, após a tragédia e a horrível perseguição sofrida pelos judeus em todo o mundo naquela época. E eu amo o fato de que foram os meus ancestrais que proporcionaram isso, certo, de diversas maneiras. Mas eles o fizeram de uma maneira que arrancou deles a sua dignidade humana, e foram forçados a fazer isso."

Ao descrever a presença judaica na terra de Israel como uma mera compensação pelo Holocausto e insistir em afirmar que os árabes receberam bem os judeus sobreviventes do genocídio de Hitler, Tlaib repete duas enormes mentiras cujo propósito único é sublinhar que apenas os árabes, e não os judeus, são nativos da região que ambos os grupos cultuam. Se os judeus são usurpadores com nenhuma legitimidade em sua reivindicação, eles estão necessariamente "substituindo" a ordem natural e palestina das coisas. Talvez seja por isso que Tlaib apoie um único Estado (palestino), e não uma solução com dois Estados.

Os republicanos usaram os comentários de Tlaib como arma; qualquer coisa menos do que isso seria negligência política. Mas concentrar-se na reação republicana, como fez Nancy Pelosi, presidente da Câmara dos Representantes, é ignorar o que a congressista realmente disse. Se alguém disser a você que tem um "sentimento de tranquilidade" quanto ao fato de que seus ancestrais "perderam sua terra, e alguns perderam suas vidas, seus sustentos, sua dignidade humana; sua existência foi, de muitas formas, aniquilada", ou essa pessoa é uma santa, ou essa pessoa é uma mentirosa.

A questão é: por que tantas pessoas investem no acobertamento de tamanha mentira?

CAPÍTULO 5

Islã Radical

EM 1298, JUDEUS europeus foram queimados na fogueira por causa de uma hóstia. A violência — a pior contra judeus do continente desde as Cruzadas — começou em 20 de abril, em Röttingen, quando os judeus da cidade foram acusados de roubar hóstias eucarísticas com o propósito de profaná-las. Segundo uma fonte, os judeus torturavam a hóstia até que ela sangrasse. Essa ficção difamatória instigou uma série de *pogroms* que varreram quase 150 cidades austríacas e alemãs. No decorrer de uns poucos anos, cerca de cem mil judeus foram assassinados.

Dê uma olhada na história da doutrina da Igreja e verá que esse massacre prolongado começa a fazer muito mais sentido. Em 1215, a Igreja oficialmente definiu o conceito de transubstanciação: a hóstia e o vinho não eram mais simbólicos, mas os próprios corpo e sangue de Cristo. O que veio a seguir foram histórias de judeus torturando essas hóstias, crucificando-as e fazendo-as literalmente sangrar.

Abro o capítulo com esse derramamento de sangue particularmente absurdo e brutal, perpetrado pelos cristãos e conhecido entre nós como os massacres *Rintfleisch*, para deixar absolutamente claro que, embora hoje o Islã radical seja singular em sua animosidade direcionada ao povo judeu, o cristianismo foi responsável, até o século XX, pelo assassinato de mais judeus do que qualquer outra ideologia no planeta. Se eu estivesse escrevendo este livro na Idade Média, este capítulo por certo se concentraria na ameaça particularmente letal que aquela versão do cristianismo representava para o judaísmo mundial.

As religiões, assim como a política e a cultura, são plásticas, não são feitas de pedra. Elas podem se transformar, e se transformam. Protestantes e católicos mataram uns aos outros na Guerra dos Trinta Anos, em parte por conta de uma discussão sobre se a hóstia é carne ou um carboidrato. A questão levantada por essa guerra, na qual oito milhões de pessoas morreram, era: como pessoas com visões religiosas fundamentalmente distintas podem viver juntas sem matar umas às outras? O experimento norte-americano forneceu uma resposta quase miraculosa para isso. Onde católicos e protestantes antes lutavam até a morte, agora almoçam juntos.

O fato de que as religiões não são estáticas, de que doutrinas e textos e figuras heroicas e interpretações diferentes são enfatizados e desacentuados ao longo do tempo (há versículos terríveis sobre os judeus no Corão e no Novo Testamento), deveria nos dar esperança.

E, no entanto, vários círculos eleitorais, com agendas políticas óbvias, fingem que essas questões complexas e sensíveis são extremamente simples. Alguns indivíduos na direita política procuram limpar o cristianismo de sua história sangrenta com relação aos judeus e argumentam que o islamismo é uma crença excepcionalmente violenta. E alguns indivíduos na esquerda política fazem um tremendo esforço para retratar o antissemitismo como um fenômeno unicamente cristão, ansiosos para pintar o Islã contemporâneo como algo fundamentalmente incompreendido. Os primeiros negam a história; isso purifica o horrendo passado europeu como forma de justificar os horrendos preconceitos contra os muçulmanos e as políticas cruéis do presente. Os outros negam a nossa difícil realidade presente; isso pavimenta o caminho para um futuro ainda mais horrendo.

Nenhuma das versões é verdadeira. A verdade, como ocorre com frequência, reside em algum ponto intermediário. Como demonstraram de maneira convincente vários estudiosos do islamismo, sendo Bernard Lewis (*The Jews of Islam* [Os Judeus do Islã]) o mais notável deles, na maior parte da história, eram as terras muçulmanas, não as cristãs, as mais hospitaleiras para com os judeus. Como Lewis coloca de maneira sucinta: a experiência judaica sob o Islã "nunca foi tão ruim quanto a pior sob o cristianismo, e tampouco tão boa quanto sob o melhor do cristianismo".

Sob o Islã, os judeus viviam como *dhimmis* – uma minoria "tolerada" de cidadãos de segunda classe. Eles precisavam pagar uma alta taxa por proteção. Eles não podiam construir sinagogas, beber vinho em público, montar cavalos ou testemunhar nos tribunais. Não foram os nazistas que inventaram a ideia de marcar os judeus; desde o século VIII, os judeus tinham de se identificar como tais publicamente. Segundo o Museu do

Holocausto dos Estados Unidos, "sob o califa Haroun al-Rashid (807 d.C.), os judeus em Bagdá tinham de usar faixas ou cintos amarelos. Sob o califa al-Mutawakkil (847-861), os judeus usavam uma insígnia em forma de jumento, e os cristãos usavam uma figura em forma de porco. Em 1005, os judeus que viviam no Egito foram ordenados a usar sinos em suas roupas".

É suficiente dizer que essa não foi uma era de ouro. Mas tampouco foi uma era de trevas. Como Robert Wistrich, o falecido estudioso do antissemitismo, escreveu em seu relatório *Muslim Anti-Semitism: A Clear and Present Danger* [*Antissemitismo Muçulmano: Um Perigo Real e Presente*, 2002]: "Não obstante a servidão e a discriminação implícitas no status *dhimmi* da era pré-moderna, os judeus sob o Islã ainda viviam em uma posição relativamente melhor do que os seus correligionários das terras cristãs. Eles, por exemplo, não carregavam o ódio teológico da pecha de matadores de Cristo como a marca de Caim em suas testas. Os muçulmanos medievais mais autoconfiantes não sentiam a mesma compulsão de seus homólogos cristãos de negar o judaísmo como religião, engajar-se em intermináveis polêmicas difamatórias contra a sua validade ou substituir a 'Velha Aliança' com um 'novo' Israel do espírito [...]. A discriminação que sofreram sob o Islã foi qualitativamente muito mais benigna do que sua exclusão e demonização na cristandade medieval".

Em outras palavras, havia um preconceito sistêmico contra o povo judeu, mas não havia antissemitismo no sentido de uma teoria da conspiração segundo a qual os judeus espalham o mal pelo mundo. E, no entanto, hoje em dia, em nenhum outro lugar acredita-se mais nessa conspiração, e ela é mais proclamada publicamente, do que no mundo muçulmano. O que aconteceu? Como uma região na qual os judeus viveram por gerações se tornou quase inteiramente *Judenrein*?

Como a maioria dos acontecimentos que moldaram o nosso mundo moderno, a mudança ocorreu no século XIX. Estudiosos apontam para uma combinação de fatores: a ascensão do nacionalismo, incluindo o sionismo político; a ameaça que o liberalismo e a globalização ocidentais representaram para o islamismo tradicional; e o colonialismo.

O colonialismo europeu levou uma grande quantidade de cristãos para a região enquanto o colonialismo islâmico presidido pelo Império Otomano desaparecia. Esses diplomatas estrangeiros, figuras religiosas e burocratas não deixaram para trás as suas ideias perigosas sobre os judeus, incluindo aquela do libelo de sangue. Um dos primeiros libelos de sangue no mundo muçulmano ocorreu em 1840, em Damasco, mais de 350 anos depois que os judeus italianos foram culpados pelo desaparecimento do jovem Simão de Trento. Nesse caso, os judeus foram acusados de matar um frade cristão, um italiano conhecido como padre Thomas. Nove dos judeus mais famosos da cidade foram presos e torturados; seus dentes e cabelos foram arrancados, e tiveram a pele queimada. O jornal *The Times*, de Londres, publicou o seguinte editorial sobre os acontecimentos: é "um dos casos mais importantes já submetidos à atenção do mundo civilizado". Se os judeus forem culpados do crime, "então a religião judaica deve desaparecer de uma vez por todas da face da Terra". Isso saiu em um jornal publicado após o Iluminismo, no centro da Europa civilizada.

Mas seria impreciso dizer que essas ideias antissemitas foram apenas transplantadas do Ocidente. Elas não teriam se enraizado no Oriente se não houvesse um solo fértil. Este foi encontrado não apenas no texto literal do Corão, do qual versículos específicos eram agora ressaltados, mas nos ensinamentos religiosos de figuras como o estudioso Ibne Taimia, do século XII, que então reencontrou uma relevância perigosa.

Ainda em 1933, o grande mufti de Jerusalém tornou claro seu apoio aos nazistas ao receber oficiais alemães na cidade. O encontro de Amin al-Husseini com Hitler em 1941 é bem conhecido; menos conhecido é o fato de que o mufti recrutou soldados de verdade para a divisão Handschar do Partido Nazista. Enquanto o mufti fortalecia os laços com o regime de Hitler, os nazistas incrementaram sua propaganda na região. *Nazi Propaganda for the Arab World* [*Propaganda Nazista para o Mundo Árabe*], de Jeffrey Herf, mostra como o nazismo foi combinado com uma interpretação peculiar do Islã para produzir uma mistura particularmente tóxica: "Foram uma leitura seletiva do Corão e uma ênfase nas correntes antijudaicas dentro do Islã combinadas com as denúncias do imperialismo ocidental e do comunismo soviético que deram à propaganda nazista seus pontos de entrada para os árabes do Norte da África, do Egito, da Palestina, da Síria, do Líbano e do Iraque, e para os muçulmanos do Oriente Médio em geral".

Em 1948, o estabelecimento do Estado de Israel – e o fracasso de vários exércitos árabes em derrotar a jovem nação – apenas sobrecarregou a hostilidade. Então, dois anos depois, Sayyid Qutb, o pai do fundamentalismo islâmico e padrinho intelectual de Osama bin Laden, publicou "Nossa Luta com os Judeus", um documento cuja lógica genocida continua a capturar mentes não só no Oriente Médio, mas em todo o globo.

Os argumentos de Qutb são os seguintes: os judeus não são apenas os agentes de todos os males modernos — a civilização ocidental, o nacionalismo, o comunismo, o feminismo, e por aí afora. Eles também são inimigos do Islã desde o século VII. Para fazer com que a civilização islâmica retorne para as suas verdadeiras raízes — a única maneira real de derrotar o Ocidente —, os judeus, o principal símbolo do Ocidente e de sua modernidade, têm de ser eliminados. Qutb desprezava os Estados Unidos em particular, ainda que tivesse passado seis meses como estudante de graduação no Colorado em 1949. Veja o que ele pensava do jazz, embora a sua ladainha sobre as mulheres americanas seja quase tão odiosa: "Essa é a música que os negros inventaram para satisfazer as suas inclinações primitivas, bem como o seu desejo de ser barulhentos, por um lado, e de excitar as suas tendências bestiais, por outro".

Você pode imaginar como a mensagem de Qutb sobre os judeus repercutiu após a chocante vitória israelense em 1967, quando a União Soviética começou a espalhar a própria propaganda maliciosa pela região, junto com as armas que derramou no Egito para lutar sua guerra por procuração contra o capitalismo e os Estados Unidos, usando Israel como alvo.

Hoje, o mundo muçulmano está quase completamente livre dos judeus. Fora de Israel, a maior comunidade judaica no Oriente Médio está no Irã, com cerca de 8.500 pessoas — menos do que a população judaica do Alabama. No Egito, há menos de vinte judeus. No Iraque, onde outrora um terço da população de Bagdá era de judeus, restam cinco. Um homem chamado Zablon Simintov é o único judeu remanescente em todo o Afeganistão.

Cerca de 850 mil judeus, muitos de comunidades do Oriente Médio anteriores ao Islã em centenas de anos, foram expulsos logo após o estabelecimento do Estado de Israel. Em breve, a região onde o cristianismo nasceu também pode ficar quase totalmente livre de cristãos, o resultado do êxodo em curso por conta da violência islâmica. E, no entanto, a despeito da ausência quase completa de judeus e, cada vez mais, de outras minorias religiosas, o antissemitismo que jorra dessa parte do mundo é mais feroz do que nunca.

Fouad Ajami, o falecido estudioso do Oriente Médio, chamou as ideologias que agitam a região de uma "trilogia maligna" de "antiamericanismo, antissemitismo e antimodernismo". Vejo essa trilogia como resultado de outra: nazismo, comunismo soviético e interpretação radical do Islã. Quando você compreende essa alquimia, pode entender como a carta original do Hamas, de 1988, apenas recentemente revisada, clamava que os judeus orquestraram as Revoluções Russa e Francesa e as duas Guerras Mundiais.

Bernard Lewis, professor de Ajami, escreveu o seguinte sobre o antissemitismo na região: "O volume de livros e artigos antissemitas publicados, o tamanho e a quantidade de edições e impressões, a eminência e a autoridade daqueles que escrevem, publicam e patrocinam isso, seu lugar nos currículos escolares e universitários, seu papel na mídia de massa, tudo isso parece sugerir que o antissemitismo é uma parte essencial da vida intelectual árabe nos dias de hoje – quase tanto quanto aconteceu na Alemanha nazista, e consideravelmente mais do que na França do final do século XIX e início do XX". Ele escreveu essas palavras em 1986. Talvez o acadêmico pudesse imaginar o quão ruins as coisas ficariam, mas suspeito que nem mesmo ele poderia prever como o antissemitismo realmente se espalhou "como um câncer pelo mundo muçulmano", como Farred Zakaria disse há pouco tempo no *Washington Post*.

Ninguém faz um trabalho melhor em expor o quanto o ódio aos judeus se tornou a norma na região do que o Middle East Media Research Institute (MEMRI) [Instituto de Pesquisa de Mídia do Oriente Médio], que traduz reportagens da mídia estrangeira para o inglês. É uma experiência aterradora, mas essencial, dar uma olhada no site e no Twitter do MEMRI. (O livro de Neil Kressel, *The Sons of Pigs and Apes* [Os Filhos dos Porcos e Macacos], reuniu alguns dos piores exemplos.)

O ódio vem dos líderes dos países e não se limita às nações de língua árabe. Não é preciso ir além do Irã, cujo líder supremo, aiatolá Ali Khamenei, diz coisas assim com regularidade: "Esse regime bárbaro, lupino e infanticida de Israel, que comete todos os crimes, não tem nenhuma cura além da aniquilação". Isso vem de movimentos islâmicos populares: um tópico de conversa frequente por esses dias na Irmandade Muçulmana vem do *hadith* que proclamou que o Juízo Final "não virá até que os muçulmanos combatam os judeus e os matem". Isso vem mesmo de políticos de países muçulmanos que até recentemente eram considerados liberais. Nabih Berri, o presidente do parlamento libanês, foi citado há pouco tempo em um artigo publicado no país com o título "Como reconhecer um judeu". Berri deu o seguinte conselho: "Se você vir uma mulher grávida, aproxime-se e jogue uma peça de ouro perto dos pés dela. Se o feto saltar para fora do útero da mãe e agarrar o ouro, você saberá que é um judeu".

Isso talvez venha de forma mais forte da imprensa – da televisão e do rádio, dos jornais e, é claro, por meio das redes sociais. Em 2002, no Egito, por exemplo, uma série de 41 episódios que foi apresentada durante o Ramadã se chamava *Cavaleiro Sem um Cavalo*. O tema da série era a conspiração sionista para controlar o mundo; os produtores reconheceram abertamente que se inspiraram nos *Protocolos dos Sábios de Sião*. O astro e corroteirista do programa, Mohamed Sobhi, disse que o sionismo "tem controlado o mundo desde a aurora da história". O *New York Times* estima que dezenas de milhões de pessoas assistiram ao programa.

Essa não é uma visão incomum sobre o poder do povo judeu. A feminista Ayaan Hirsi Ali escreveu sobre a própria experiência de crescer na Arábia Saudita em *Herege*, seu livro de memórias. Nascida muçulmana, Ali nunca havia conhecido um judeu, mas sabia desde pequena que eles eram a raiz de todo mal. "Na Arábia Saudita, todas as coisas ruins eram culpa dos judeus", ela relembrou. "Quando o ar-condicionado quebrava ou a água acabava, as mulheres sauditas da casa ao lado costumavam dizer que era culpa dos judeus. As crianças vizinhas foram ensinadas a rezar pela saúde dos pais e pela destruição dos judeus. Depois, quando fomos para a escola, os nossos professores lamentavam à exaustão todas as coisas perversas que os judeus fizeram e planejavam fazer contra os muçulmanos. Quando fofocavam, as vizinhas costumavam dizer 'Ela é feia, ela é desobediente, ela é uma puta – ela está dormindo com um judeu'." Enquanto escrevo estas palavras, um ator e escritor egípcio chamado Hesham Mansour, que tem mais de 800 mil seguidores no Twitter, ataca dizendo o seguinte: "os judeus controlam o espaço-tempo" e "vide o filme *O Código Da Vinci*, a cena de estupro satânico que acontece no subterrâneo, sob a estrela de Davi, é para sabermos o que os judeus fazem com as mulheres. Todas as mulheres". Por fim, ele chega à conclusão natural: "Agora, vamos matar uns judeus".

Uma vez que a mensagem antissemita é a norma em uma grande parte do mundo, não deveria surpreender que uma pesquisa feita pela ADL em 2014, que analisou as atitudes para com os judeus em cem países ao redor do mundo, descobriu que apenas 54% da população global ouviu falar do Holocausto. Por si só, esse é um fato impressionante. Até você saber que apenas 8% dos que responderam à pesquisa no Oriente Médio e no Norte da África ouviram falar do Holocausto e acreditam que ele, de fato, aconteceu.

Em 2008, uma pesquisa do Pew feita em 24 países descobriu que apenas sete dessas nações têm maiorias ou bons números de avaliação positiva dos judeus. Os Estados Unidos, por exemplo, têm um índice favorável de 77%. No Líbano, por outro lado, 97% das pessoas disseram ter uma visão negativa dos judeus. No Egito, 95% das pessoas veem os judeus de forma desfavorável. Na Jordânia, 96%. E, na Turquia e no Paquistão, 76%.

Na maior parte do mundo, mais educação está correlacionada a menos antissemitismo. Mas, talvez, a estatística mais desalentadora de todas, segundo a mais recente pesquisa ADL Global 100, é que essa regra geral não se aplica ao Oriente Médio e ao Norte da África. Ali, os pesquisados mais educados têm *mais* probabilidade de serem antissemitas.

Eu poderia continuar. Contudo, o que é mais relevante para este projeto não é documentar cada estatística deprimente, mas, sim, compreender como essas ideias viajam para toda parte em uma época na qual as fronteiras literais estão mais porosas do que nunca e as fronteiras virtuais são, em grande parte, inexistentes. Assim como o antissemitismo clássico outrora viajou do Ocidente para o Oriente, hoje, uma mistura de antissionismo, antiliberalismo e antiamericanismo está se movendo na direção oposta. E muitas das pessoas que deveriam estar lutando contra esse contágio estão acelerando a sua propagação ou fazendo vista grossa.

—

Entre 2010 e 2016, cerca de 3,7 milhões de muçulmanos emigraram para a Europa, segundo o Pew Research Center. Na Alemanha, após um influxo de 850 mil, o número de muçulmanos vivendo no país aumentou cerca de 2%, para quase 5 milhões, ou 6% da população. No mesmo período, 530 mil muçulmanos emigraram para a França; agora, 5,7 milhões de muçulmanos constituem 8,8% da população francesa. O número de muçulmanos vivendo no Reino Unido aumentou cerca de 80% nesses seis anos, para 4,1 milhões (6,3% da população). No total, os muçulmanos são aproximadamente 5% da população da Europa (cerca de 26 milhões de pessoas). Até por volta de 2050, de acordo com algumas estimativas, esse número poderá dobrar. Em contrapartida, há 1,4 milhão de judeus em toda a Europa.

Quando penso nesses recém-chegados à Europa, penso em Alan Kurdi. Por alguns dias, parece que todo mundo conhecia o seu nome. Ele era o menino sírio de três anos, de camiseta vermelha, que se afogou no mar

Mediterrâneo. A fotografia de seu corpo diminuto e sem vida, caído na praia de Bodrum, na Turquia, despertou o mundo por um breve momento, em setembro de 2015, até que a maioria das pessoas voltou a se concentrar no Facebook. Os quatro membros da família curda embarcaram em um bote inflável com outras oito pessoas, em uma tentativa de chegar a Kos, uma ilha grega; a partir de lá, pretendiam ir para o Canadá.

Nem todos os que vão para a Europa estão literalmente fugindo para salvar a própria vida. Mas, dados os países de onde vêm — Síria, Afeganistão, Somália —, é uma boa aposta que eles são mais ou menos tão azarados nas circunstâncias em que nasceram quanto eu sou sortuda em relação às minhas. Também sou parte de uma tradição religiosa segundo a qual receber bem os estrangeiros é algo atrelado à nossa ideia de Deus. A frase que é repetida uma e outra vez na Bíblia mostra que não devemos oprimir um estrangeiro porque éramos estrangeiros na terra do Egito. A história da origem do patriarca fundador do judaísmo, Abraão, conta que, quando ele recebia estrangeiros em sua tenda — a tradição mais típica do Oriente Médio —, aqueles estrangeiros revelavam ser, na verdade, anjos. Eu também tenho plena consciência de que usufruo de todas as liberdades porque a minha própria família, certa vez, deixou uma Europa hostil por uma vida melhor nos Estados Unidos.

Por conta dessas razões, tenho uma reação profunda e visceral em favor de receber bem os estrangeiros. Também tenho fé na ideia de que suas famílias, como a minha e tantas outras famílias imigrantes, podem descobrir uma espécie de posição de compromisso que as democracias liberais saudáveis permitem: adaptar-se aos costumes culturais de seus novos países enquanto preservam as próprias comunidades e o melhor de suas tradições.

Se a Alemanha fosse dar as costas àqueles que buscam asilo, "não seria o meu país", disse Angela Merkel em 2015 para justificar sua decisão de abrir e manter abertas as portas da Alemanha — uma declaração, dada a história do país, que me emocionou e reverberou em mim. Quero crer que ela estava certa quando prometeu, uma e outra vez, *"Wir schaffen das"*, "Nós damos um jeito". E, contudo, olhando para o impacto que esses recém-chegados têm sentido nos países europeus e em seus judeus — e o que a experiência europeia pode pressagiar —, há razões para nos preocuparmos.

—

Vamos pressupor que ideias importam e que devemos acreditar nas pessoas quando elas nos dizem o que pensam e no que acreditam em relação ao mundo.

Assim como teria sido ridículo presumir que os colonialistas europeus do século XIX deixaram para trás sua afinidade com o libelo de sangue quando partiram para o Oriente, também é ridículo imaginar que esses recém-chegados reavaliariam suas ideias na fronteira com o Ocidente.

Os muçulmanos espalhados pela Europa são muito mais antissemitas do que a população europeia em geral. Uma pesquisa feita em 2015 pela Liga Antidifamação revelou os números em cada país. Na Alemanha, 56% dos muçulmanos têm opiniões antissemitas, contra 16% da população total. Na França, são 49% contra 17%. No Reino Unido, são 54% contra 12%.

Então, não deveríamos ficar surpresos ao ouvir, por exemplo, sobre o sermão do imã Said Abu Haf no Centro Islâmico de Kaiserslautern, na Alemanha, em março de 2019, chamado "A Posição dos Judeus em Relação ao Islã", no qual ele disse sobre os judeus que "uma de suas maneiras maliciosas de combater o Islã era despedaçar a unidade dos muçulmanos", e "é bem conhecido e prescinde de qualquer explicação adicional o fato de que eles são o povo mais conhecido por sua avareza e seu amor pelo dinheiro", e "eles são apaixonados pelo ouro. Eles são arrogantes, sobretudo seus rabinos e líderes. Eles escravizariam as pessoas".

E, no entanto, é bem difícil absorver a extensão do antissemitismo islâmico na Europa. Em parte, isso se dá porque os *próprios* muçulmanos estão sujeitos, na Europa, ao preconceito e à discriminação sistêmicos, para não falar nos desafios econômicos e sociais. Por outro lado, isso também se dá porque dizer a verdade sobre a profundidade do problema expõe a pessoa que o fizer a acusações de islamofobia e xenofobia. Eis a razão pela qual esse problema profundamente desconfortável é tão subnotificado. E, todavia, os relatórios e dados existentes reforçam um argumento inescapável: é perigoso ser judeu na Europa.

Comecemos pela França. Há mais muçulmanos do que judeus nesse país, à proporção de dez para um, mas, em 2017, quase 40% dos crimes de ódio motivados por raça ou religião tiveram judeus como alvos. (Em 2018, os ataques antissemitas aumentaram 74%; foram cerca de 550 incidentes. E estes são apenas aqueles que foram reportados.) Os judeus têm 25 vezes mais chances de serem atacados do que os muçulmanos na França. "O antissemitismo está se espalhando como uma toxina, como um veneno", disse Christophe Castaner, ministro do Interior da França, em fevereiro de 2019.

Na Holanda, o principal grupo de monitoramento de antissemitismo no país, o CIDI (Centro de Informação e Documentação sobre Israel), estima que, em um dado ano, muçulmanos e árabes são os perpetradores de 70% dos ataques antissemitas. Em 2018, o grupo registrou um aumento de 19% nos incidentes antissemitas.

Não é só o antissemitismo que foi importado por esses novos europeus. Mais de 52% dos muçulmanos britânicos acham que a homossexualidade deveria ser ilegal, segundo um relatório feito em 2018 pela Ipsos MORI. Em Birmingham, uma cidade em que mais de um morador em cada cinco é muçulmano, algumas escolas primárias pararam de oferecer cursos que promovem a tolerância para com os LGBT por causa de protestos fervorosos dos pais. Entre os britânicos muçulmanos, há mais pessoas que acreditam que os judeus, e não a Al Qaeda, foram os responsáveis pelo 11 de setembro, segundo uma pesquisa feita pelo *think tank* Policy Exchange.

Em maio de 2019, na Alemanha, o Gabinete Federal para a Proteção da Constituição, ou BFV, divulgou um relatório intitulado "Antissemitismo no Islamismo". Ele documentou uma série de incidentes, o tipo de coisa que agora se tornou parte da vida normal no país. Em abril de 2016, em Berlim, uma mulher estava usando um colar com um pendente em forma de Israel. Dois homens de ascendência árabe disseram para ela: "Seus judeus de merda! Vocês são a escória do mundo!". Em dezembro de 2017, um estudante judeu do ensino médio foi atacado por um colega de classe árabe, que disse: "Vocês são assassinos de crianças e deviam ter as cabeças cortadas". Ou, no que talvez seja o caso mais memorável, um jovem árabe-israelense decidiu usar um quipá em público como "experimento", pois estava cético quanto à ideia de que havia, de fato, antissemitismo em Berlim. Ele foi cercado por três homens no descolado bairro de Prenzlauer Berg. "*Yahudi*", eles gritaram, o termo em árabe para "judeu". Um deles bateu no jovem com um cinto.

Na Suécia, os dezoito mil judeus do país se acostumaram com as agressões. Na cidade sulista de Malmö, na qual pelo menos 20% da população é de muçulmanos e ainda restam cerca de mil judeus, as coisas se tornaram particularmente difíceis. Shneur Kesselman é um único rabino hassídico na cidade e, por isso, é identificado com facilidade. Ele já foi vítima de mais de uma centena de agressões verbais e físicas. Esse número assombroso começa a fazer mais sentido quando você lê sobre o clima político na cidade. Em dezembro de 2017, por exemplo, depois que Donald Trump anunciou que os Estados Unidos reconheceriam Jerusalém como a capital de Israel, centenas de manifestantes tomaram as ruas para protestar de forma ostensiva contra o Estado judeu. Eles gritavam em árabe "Vamos atirar nos judeus!" e clamavam por uma intifada na cidade. Talvez eles vissem algum conforto nas opiniões de Ilmar Reepalu, prefeito da cidade entre 1994 e 2013. Ele era famoso entre os judeus de todo o mundo por dizer coisas como "Malmö não aceita o antissemitismo e não aceita o sionismo"; e os judeus da cidade "têm a possibilidade de influenciar a maneira como são vistos pela sociedade", como se fossem os culpados pelo ódio direcionado a eles.

A realidade é feia, e ninguém quer encará-la. Ninguém, a não ser os partidos de extrema direita, que alegremente pulam no abismo para demonizar os muçulmanos e atiçar a xenofobia em nome dos próprios ganhos políticos. Como disse Alain Finkielkraut, a razão pela qual Marine Le Pen faz sucesso é porque "isso, de fato, é um problema do Islã na França, e até hoje ela foi a única pessoa que ousou dizer isso".

O ciclo é claro e bastante perigoso: um islâmico faz algo terrível. Políticos da esquerda e a imprensa liberal ignoram isso o máximo que conseguem, ou encontram uma forma de desculpar a ocorrência como resultado da pobreza, da impotência, da má política ou de alguma outra falha da democracia. Enquanto isso, os partidos de direita exploram o fato incansavelmente — e veem seus números subirem nas pesquisas. O começo e o fim desse ciclo são ambos terríveis para os judeus do país.

O que era tão notável nesse relatório da inteligência alemã sobre o antissemitismo islâmico é que ele foi o primeiro relatório oficial desse tipo *em toda a Europa*. A França parou de categorizar quem comete ataques antissemitas em 2011. E mesmo a forma como a Alemanha os contabiliza é bastante falha, quase como se a intenção do governo fosse manter os fatos nebulosos. Em seu exaustivo artigo sobre "o novo antissemitismo alemão", publicado pelo *New York Times* em maio de 2019, James Angelos notou que, quando o perpetrador do ataque era desconhecido, ele era automaticamente classificado como de direita; daí a estatística oficial de que 89% dos ataques foram cometidos por pessoas da extrema direita. No entanto, em uma pesquisa feita pela União Europeia em 2018, mais da metade dos judeus alemães declarou ter sofrido assédio antissemita, e 41% deles acreditam que o perpetrador da pior agressão era "alguém com uma visão muçulmana extremista".

Na Suécia, a natureza da ameaça é rotineiramente negada. Em um potente artigo de opinião publicado em 2017 pelo *New York Times*, "The Uncomfortable Truth About Swedish Anti-Semitism" ["A Verdade Desconfortável sobre o Antissemitismo Sueco"], a escritora sueca Paulina Neuding apontou: "Dois anos atrás, o maior jornal da Suécia, *Aftonbladet*, publicou uma coluna que ridicularizava a teoria de que os judeus estavam falando em deixar o país por causa do antissemitismo, descartando isso como 'mentira' e 'histeria', e zombando das metralhadoras 'particularmente legais' que os oficias da polícia usam quando protegem as escolas judaicas. Em 2009, o mesmo jornal acusou Israel de traficar órgãos de palestinos — o equivalente moderno do libelo de sangue".

Esses países e suas autoridades não fazem apenas vista grossa para o antissemitismo. Naquele que talvez seja o caso mais perturbador das últimas duas décadas, pelo menos 1.500 garotas e rapazes foram aliciados, traficados e estuprados por um grupo de homens muçulmanos, a maioria de origem paquistanesa, na cidade britânica de Rotherham. Mas o medo da acusação de preconceito evitou que a polícia, sem falar em inúmeros assistentes sociais, agisse com base em informações que tinham havia anos. Mais recentemente, na Bélgica, promotores descartaram uma queixa de discriminação contra um turco proprietário de um café que postou um cartaz dizendo que cachorros eram bem-vindos no estabelecimento, "mas os judeus não". Não sei como isso não pode ser qualificado como discriminação — e antissemitismo — do tipo mais grosseiro.

De certa forma, essa negação do perigo não é nada de novo para a Europa. Relembre os Jogos Olímpicos de 1972, em Munique, e as circunstâncias que levaram ao brutal assassinato de onze israelenses na ocasião. Esses atletas e técnicos foram deixados desprotegidos porque a Alemanha queria mostrar ao mundo que havia se transformado, que o país de Hitler, que organizou as Olimpíadas de 1936, em Berlim, estava morto e enterrado. Então, no ápice da Guerra Fria, os guardas da Vila Olímpica estavam armados apenas com walkie-talkies. Quando oito terroristas palestinos do Setembro Negro foram tomar os israelenses como reféns, tudo o que tiveram de fazer foi pular uma cerca de arame de 1,82 m de altura. No fim, o pior temor da Alemanha se concretizou: onze judeus mortos outra vez no país que produziu o Holocausto. Mais uma vez, judeus foram mortos porque uma sociedade contou uma mentira extravagante para si mesma.

—

É difícil superestimar o fracasso daqueles que alegam ser os maiores defensores dos valores liberais – os jornalistas, intelectuais, comentaristas, professores, feministas, ativistas pelos direitos dos gays, entre outros – a esse respeito. Eles, que têm tanto a dizer sobre igualdade de gênero, direitos dos gays, devido processo legal, tolerância religiosa e liberdade de expressão e da consciência ficam suspeitosamente mudos no que diz respeito ao perigo óbvio e presente que o islamismo radical representa para esses valores. Na Europa, temem algo mais imediato: "Por causa do medo de colocar uma comunidade contra a outra, você acaba escondendo as coisas", disse o filósofo francês Pascal Bruckner. Os norte-americanos não têm sequer uma desculpa.

Quando intelectuais do Ocidente enfim dizem alguma coisa, com frequência é para se desculpar, justificar ou inadvertidamente regurgitar alguma discussão islâmica. A corrupção dessa classe é resumida com brilhantismo em *The Flight of the Intellectuals* [*A Fuga dos Intelectuais*], livro no qual Paul Berman mostra como alguns dos nossos principais luminares abraçaram o pensador islâmico Tariq Ramadan enquanto evitavam Ayaan Hirsi Ali.

O erro mais grave deles é pensar que, de algum modo, a violência é merecida. Que o islamismo é, de algum modo, vingança, revanche ou apenas reparação pelo imperialismo norte-americano, pela má política israelense ou até pela própria existência de Israel. Que qualquer coisa vinda do Ocidente ou dos Estados Unidos é opressiva e ruim e certamente causará danos, ao passo que tudo o que vem do terceiro mundo ou do islamismo não é, de forma alguma, reprovável.

Essa é a lógica que levou o arcebispo da Cantuária, Robert Runcie, Jimmy Carter e legiões de nomes áureos a dizer, de formas variadas, que a *fatwa* de Salman Rushdie fora, de algum modo, autoinfligida, que as leis contra a blasfêmia inspiradas pelo islamismo deveriam ser estendidas ao Ocidente em nome da tolerância, e que *Os Versos Satânicos* jamais devia ter sido publicado. O principal rabino do Reino Unido, Lorde Immanuel Jakobovits, vergonhosamente uniu-se ao coro para sugerir que Rushdie "abusou da liberdade de expressão". (Para um tratamento mais exaustivo do episódio, leia o livro *Antisemitism Here and Now* [*Antissemitismo Aqui e Agora*], de Deborah Lipstadt.)

Essa é a mesma lógica que encarou os ataques ao *Charlie Hebdo* como algo merecido porque as charges incitaram os terroristas a ir à redação do jornal satírico para matar doze pessoas pelo pecado de desenhar. Alguém pode se perguntar o que, exatamente, os judeus que faziam compras antes do Shabat no mercado *kosher*[1] Hyper Cacher fizeram para incitar seus assassinatos naquela tarde em janeiro de 2015.

Aqueles que procuram uma explicação não ideológica para o terror islâmico continuam a afirmar que as pessoas recorrem ao terror quando são pobres, sem instrução ou desprivilegiadas, mas os dados têm mostrado que esse definitivamente não é o caso. Na média, os terroristas islâmicos são mais instruídos e ricos do que seus vizinhos, como os nove que massacraram mais de 250 cristãos na Páscoa de 2019 no Sri Lanka. Parece que a teoria de que as pessoas são mesmo motivadas pelas ideias que elas afirmam motivá-las é muito difícil de ser sustentada. E, então, outras explicações são levantadas: políticas, econômicas, e assim por diante.

Que um número tão ínfimo e pequeno de intelectuais norte-americanos se disponha a falar com honestidade sobre isso comprova exatamente aquilo que eles fingem não ser verdadeiro: que a violência islâmica, que começa pela identificação de uma pessoa como inimiga do Islã ou islamofóbica, é algo a ser temido. E eles estão certos em presumir que serão difamados, pois há uma indústria caseira de grupos de apoio e ONGs que farão exatamente isso. O Southern Poverty Law Center, por décadas uma organização admirável que combateu grupos como a KKK, começou sua descida à ignomínia quando designou meu amigo Maajid Nawaz como um "extremista antimuçulmano". Foi uma descrição realmente enriquecedora, uma vez que Nawaz é um ex-islâmico que passou quatro anos preso no Egito por seu trabalho como recrutador de jihadistas, e que hoje age contra o extremismo, reabilitando ex-islâmicos por meio de sua ONG, Quilliam. Ele os processou por difamação e ganhou mais de 3 milhões de dólares, mas o dano à reputação estava feito. Quando cito o nome desse muçulmano

---

[1] O mercado em questão só vende alimentos sancionados pela lei judaica. O termo hebraico *kasher* (em iídiche, *kosher*) significa "próprio", isto é, apropriado para o consumo. Carnes de suínos e frutos do mar estão entre os alimentos proibidos, bem como a mistura de carne e leite. O abate de aves e mamíferos também obedece a um processo específico. (N.T.)

liberal que está lutando pelos mesmos valores que os liberais afirmam defender, é muito frequente que esses mesmos liberais façam uma careta, como se tivessem cheirado leite estragado.

"Costumava haver um zilhão de pessoas escrevendo sobre o comunismo", o escritor Paul Berman disse em uma entrevista com Tunku Varadarajan, no site *Daily Beast*. "Era uma coisa perfeitamente normal para os intelectuais norte-americanos participar do debate sobre a União Soviética e a Guerra Fria. Mas não é normal as pessoas participarem de debates sobre o Islã." Então, o que explica a mudança? "As pessoas estão mais preocupadas em não serem vistas como islamofóbicas. E, se a sua principal preocupação é mostrar que você não é islamofóbico, uma maneira de garantir isso é não dizer uma palavra sequer sobre o assunto! Além disso, as pessoas têm medo de um milhão de coisas: elas têm medo do assunto, da controvérsia que cerca o assunto, e obviamente há um grau de intimidação física que acompanha isso. Há, de fato, assuntos que ninguém em sã consciência vai discutir por se sentir fisicamente intimidado."

Isso ajuda bastante a explicar por que esse tipo de pessoa vai falar sem parar sobre uma confeitaria que se recusa a fazer um bolo para um casamento gay, mas não tem nada a dizer sobre assassinatos motivados pela honra. Isso ajuda bastante a explicar por que aqueles que abandonam o fundamentalismo cristão, como Megan Phelps-Roper, são celebrados, enquanto aqueles que deixam o islamismo, como a igualmente admirável Sarah Haider, são ostracizados.

Há custos em estar tão disposto a ceder a um relativismo moral perigoso e mesmo racista; em ser covarde demais para dizer que nem todas as culturas são igualmente boas em proteger mulheres, gays e minorias religiosas; em ser muito tacanho para enxergar que a motivação aqui é sobretudo ideológica, e não material. O custo é que aqueles que permanecem em silêncio estão defendendo implicitamente que a violência e o antissemitismo que se originam dessa fonte são, de alguma forma, politicamente legítimos.

—

Nos Estados Unidos, ao contrário do que o presidente Trump quer que você acredite, não há caravanas de terroristas do Oriente Médio cruzando a nossa fronteira no Sul. E os muçulmanos nos Estados Unidos afirmam sentir prazer em serem norte-americanos e ter um senso de otimismo sobre o futuro, a despeito de serem alvos rotineiros de desumanização por parte do governo Trump, dos republicanos que o viabilizam e de seus aliados na Fox.

Embora o Departamento do Censo não colete informações sobre as identidades religiosas dos norte-americanos, há cerca de 3,5 milhões de muçulmanos no país, segundo todas as estimativas razoáveis. E a maioria deles (58%) é de norte-americanos de primeira geração, vindos de países de todas as partes do mundo. Uma pesquisa do Pew de 2017 descobriu que 92% dos muçulmanos nos Estados Unidos dizem ter orgulho de serem norte-americanos. Eles também preservaram sua identidade particular: 97% afirmam ter orgulho de serem muçulmanos. E quatro de cada cinco muçulmanos (80%) dizem estar "satisfeitos com o rumo das coisas em suas vidas".

Isso não quer dizer que não haja violência. Em 2006, um muçulmano norte-americano que expressou ódio contra Israel atirou em seis pessoas, matando uma delas, na Federação Judaica da Grande Seattle. Quatro homens muçulmanos foram presos por planejar atentados a bomba a duas sinagogas do Bronx, em 2009. Um muçulmano convertido queria explodir uma sinagoga na Flórida, em 2016, mas seu plano foi frustrado pelo FBI. Em 2018, Mohamed Abdi Mohamed, um imigrante somali, gritou xingamentos antissemitas enquanto avançava com seu carro na direção de pessoas que saíam de uma sinagoga em Los Angeles.

O número de incidentes perturbadores está crescendo. Considere apenas o mês de maio de 2019. No começo do mês, foi divulgado um vídeo de um evento na Sociedade Muçulmana Americana, em abril, na Filadélfia, em que crianças foram filmadas cantando: "Vamos cortar a cabeça deles, e vamos libertar a sofrida e exaltada Mesquita de Al-Aqsa. Vamos liderar o exército de Alá e cumprir sua promessa, e vamos sujeitá-los à tortura eterna". No meio do mês, Rabab Abdulhadi, uma professora de estudos étnicos árabes e muçulmanos, deu uma palestra obrigatória para uma turma de antropologia na qual teria dito que qualquer pessoa que apoie Israel é supremacista branca. Em 16 de maio, Ali Kourani foi condenado por trabalhar para a Jihad Islâmica do Hezbollah ajudando o plano do grupo terrorista e perpetrando ataques nos Estados Unidos. Segundo o procurador-geral, "a assustadora missão de Kourani era ajudar a procurar armas e angariar informações sobre possíveis alvos nos Estados Unidos para futuros atentados terroristas do Hezbollah. Alguns dos alvos que Kourani estudou incluíam o aeroporto JFK e instalações das agências de segurança, como o prédio[2] na rua Federal Plaza, nº 26, em Manhattan". O caso levou o Centro Nacional de Contraterrorismo a chegar à arrepiante conclusão de que "o Hezbollah está determinado a ter os Estados Unidos como uma possível opção enquanto componente crítico de sua estratégia terrorista". Em maio de 2019, dizendo ser palestino, um motorista da Uber expulsou duas mulheres de seu carro ao descobrir que as levava para um evento do Dia da Independência de Israel. Em 22 de maio, um rapaz de 22 anos chamado Jonathan Xie foi preso por oferecer apoio material ao Hamas e por ameaçar, em um vídeo no Instagram, com uma arma e uma bandeira do grupo terrorista, "atirar em manifestantes pró-Israel".

As teorias da conspiração que levaram dezenove muçulmanos a sequestrar aqueles quatro aviões e matar 2.977 norte-americanos são as mesmas que motivaram Xie a ameaçar judeus de sua casa em Nova Jersey. Felizmente, o FBI o capturou antes que pudesse efetivamente causar algum mal. O FBI fez o mesmo em junho, quando frustrou outro ataque: um atentado a bomba a uma igreja em Pittsburgh que Mustafa Mousab Alowemer, um refugiado de 21 anos de Daara, Síria, supostamente planejou levar a cabo em nome do Estado Islâmico.

O que o FBI não pode parar é a difusão de uma visão de mundo que menospreza ou justifica a violência muçulmana e, ao fazer isso, em última instância, menospreza ou justifica o antissemitismo como a expressão de uma legítima queixa política. Essa ideologia é uma ameaça direta não só para os judeus, mas para os Estados Unidos. E você pode ver as formas como ela começou a se infiltrar no Partido Democrata.

Você pôde ver pistas disso quando, em 2009, Janet Napolitano, secretária do Departamento de Segurança Interna, recusou-se a usar o termo "terrorismo", preferindo, em vez disso, o inesquecível eufemismo "desastres causados pelo homem". Você pôde ver isso quando o presidente Obama, em uma entrevista para o site *Vox*, logo após as matanças no *Charlie Hebdo* e no supermercado Hyper Cacher, disse: "Meu principal trabalho é proteger o povo americano. É completamente legítimo que o povo americano fique profundamente preocupado quando um bando de zelotes violentos e cruéis decapitam ou atiram aleatoriamente em um grupo de pessoas num mercado em Paris". Mas é claro que esses incidentes não foram aleatórios.

---

[2] No prédio citado, há escritórios de várias agências do governo norte-americano, incluindo o FBI. (N.T.)

O supermercado foi escolhido pelos assassinos porque era *kosher*. Em vez de se desculpar pela gafe, o governo foi ainda mais fundo. "As vítimas não eram todas de uma só origem ou nacionalidade", disse Jen Psaki, porta-voz do Departamento de Estado. Na verdade, elas eram. Mas isso não impediu o assessor de imprensa da Casa Branca, Josh Earnest, de declarar, após ser pressionado por Jonathan Karl, da ABC, a respeito do uso da palavra "aleatório" pelo presidente, que "havia outras pessoas, e não apenas judeus, naquele mercado".

É difícil não se lembrar da postura oficial francesa, ao menos a princípio, em relação ao assassinato de Ilan Halimi, que fez um esforço tremendo para defender sua aleatoriedade. Depois, o governo Obama voltou atrás, mas ainda ouço judeus fazendo piadas sardônicas sobre como é o "povo aleatoriamente escolhido".

Você pôde ver isso quando, em 2015, John Kerry respondeu dessa forma a uma pergunta de Jeffrey Goldberg, da revista *The Atlantic*, sobre o antissemitismo genocida do regime iraniano: "Creio que eles têm um conflito ideológico fundamental com Israel nesse momento em particular. Se isso se traduz ou não em ações efetivas para, entre aspas, 'varrer' [*Israel do mapa*], você sabe...".

Isso parece um debate sobre as fronteiras ou os assentamentos de Israel, quando o aiatolá Ali Khamenei disse, em 2001, "É a missão da República Islâmica do Irã apagar Israel do mapa da região"? Isso, dito por Hussein Salami, o comandante da Guarda Revolucionária, em 2014, parece um "conflito ideológico" circunscrito a um "momento em particular": "Hoje, sabemos como o regime sionista está pouco a pouco sendo eliminado do mundo, e, de fato, logo não haverá mais o regime sionista no Planeta Terra"? Não, isso soa como um Hitler do século XXI – e um Hitler muito passível de ter armas nucleares.

Você vê isso quando os progressistas da Califórnia aprovam uma resolução antes da convenção estatal do partido na qual eles colocam parte da culpa pelo massacre de Pittsburgh em... Israel. O massacre, segundo a proposta da resolução, foi "a culminação de um ressurgimento alarmante do virulento antissemitismo que é um elemento central do supremacismo branco histórico e agora ressurgente nos Estados Unidos e ao redor do mundo". Ok! Até aqui, a coisa é razoável. Então, continua: o "governo israelense, com alguns de seus apoiadores nos Estados Unidos, acolheu o apoio de alguns grupos cristãos fundamentalistas e da ultradireita aqui e no exterior, ignorando de forma perigosa o seu antissemitismo profundamente enraizado ao mesmo tempo em que se alinha com sua virulenta islamofobia". Esse tipo de lógica pode ser aprovado no Partido Trabalhista de Jeremy Corbyn, mas, até muito recentemente, era um anátema absoluto nos Estados Unidos.

Nenhuma história recente exemplifica melhor como essas perturbadoras tendências ideológicas passaram de infames a respeitáveis do que a maneira como o Partido Democrata se uniu em torno da agora célebre congressista novata Ilhan Omar, de Minnesotta. Omar tem uma história de vida capaz de emocionar qualquer pessoa que tenha coração. Ela é uma refugiada da Somália. Religiosa usuária de *hijab*, ela é uma das primeiras pessoas muçulmanas a serem eleitas para o Congresso e a primeira mulher não branca a representar Minnesotta na Câmara. Não surpreende que a revista *Time* a tenha colocado na capa, que Annie Leibovitz a tenha fotografado e que ela esteja em toda lista importante de mulheres a serem observadas.

Por meses, toda essa compreensível celebração de sua identidade ofuscou suas ideias. Elas estavam lá para quem quisesse ver, mas poucos queriam olhar. Então, em janeiro de 2019, escrevi a respeito de algumas de suas opiniões mais problemáticas em uma coluna para o *New York Times* intitulada "Ilhan Omar and the Myth of Jewish Hypnosis" ["Ilhan Omar e o Mito da Hipnose Judaica"].

A essa altura, você sabe que a teoria da conspiração do judeu como conspirador hipnótico e manipulador sinistro tem raízes antigas e uma história sangrenta. Por isso, não foi um bom presságio o fato de que, em 2012, durante uma das guerras periódicas de Israel contra o Hamas em Gaza, Ilhan Omar, na época coordenadora de nutrição no Departamento de Educação de Minnesotta, tenha tuitado o seguinte: "Israel hipnotizou o mundo, que Alá desperte as pessoas e as ajude a enxergar as ações perversas de Israel. #Gaza #Palestina #Israel". Em vez de se desculpar de forma aberta e vigorosa, o que ela respondeu para a CNN, em janeiro de 2019, quando questionada sobre o que teria a dizer para os "judeus americanos que acham aquilo profundamente ofensivo", foi: "É uma maneira realmente deplorável de expressar isso", falando não do tuíte, mas da forma como a âncora, Poppy Harlow, formulou a questão. "Não sei como os meus comentários poderiam ser ofensivos para os judeus americanos", Omar prosseguiu. "Os meus comentários se referem precisamente ao que ocorria durante a Guerra de Gaza, e falo de forma clara sobre o modo como o regime israelense estava conduzindo aquela guerra."

Pouco tempo depois, em fevereiro, procurando criticar o apoio dos Estados Unidos a Israel, Omar tuitou: "Tudo tem a ver com o bebê de Benjamin". Quando um editor do jornal judaico *The Forward* perguntou o que ela quis dizer, a resposta foi: "AIPAC!"[3]. Então, em março, Omar fez um discurso em que descreveu o 11 de setembro como um evento no qual "algumas pessoas fizeram alguma coisa". Ela fez esse discurso no Conselho sobre Relações Islâmico-Americanas, grupo fundado pelos líderes da Associação Islâmica pela Palestina, por sua vez, uma organização de propaganda antissemita afiliada ao Hamas.

Por um breve período, Omar sofreu muitas críticas na imprensa. Mas, pouco depois, a mídia rumou para o escândalo seguinte de Trump, e muitos membros de seu partido ficaram do lado dela. Seus defensores se tornaram ainda mais fervorosos – Bernie Sanders a chamou de "líder forte e corajosa" – depois que o presidente Trump compartilhou um vídeo incendiário no Twitter, no qual Omar minimizava os atentados de 11 de setembro.

Hoje, Omar continua a integrar o Comitê de Relações Exteriores do Congresso. Foi muito bem-recebida pelos ex-membros da equipe de Obama que ancoram o popularíssimo podcast *Pod Save America*. Stephen Colbert a entrevistou em seu programa em abril de 2019. Dentre os vários democratas que a apoiaram, os comentários do deputado Jim Clyburn foram particularmente memoráveis. Omar está "passando por coisas muito dolorosas", Clyburn, o terceiro democrata mais bem votado da Câmara, disse. "Estou falando sério. Há pessoas que me dizem: 'Bem, meus pais são sobreviventes do Holocausto', 'Meus pais fizeram isso'. É mais pessoal com ela."

Todo partido político tem figuras que ficam à margem. Em geral, elas são marginalizadas ou ignoradas. Mas, aqui, parece que algo mudou. Não era suficiente ignorar ou censurar Omar e, ao mesmo tempo, criticar o presidente Trump por sua fixação perversa nela. Ela precisava ser defendida de forma vociferante, e seus comentários tinham de ser contextualizados ou ignorados.

O fato de que as figuras mais poderosas do Partido Democrata e seus aliados na imprensa decidiram que vale a pena defender Omar, que vale a

---

[3] A sigla se refere à organização sem fins lucrativos American Israel Public Affairs Committee ("Comitê de Assuntos Públicos EUA-Israel"), que faz *lobby* pró-Israel. (N.T.)

pena gastar esse tremendo capital político com ela, deveria alertar todas as pessoas para a direção que o partido pode estar tomando. O que os democratas já deixaram claro é que se tornou possível sobreviver politicamente após dizer coisas preconceituosas sobre os judeus.

L'affaire Omar foi um evento importante; haverá muitos outros assim. O tema será o mesmo: ignorar ou perdoar o antissemitismo pelo bem das pessoas que o defendem, o que, na verdade, é um profundo insulto a essas pessoas. Trata-se de defender pessoas pelo simples fato de que elas são marginalizadas e, ao mesmo tempo, negar aqueles aspectos fundamentais da cultura americana que sempre permitiram que os marginalizados fossem integrados.

Desde que os norte-americanos tiveram que renegar sua lealdade a um rei estrangeiro, desistir de seu antissemitismo é uma condição para se adaptar aos Estados Unidos. O país não podia funcionar com monarquistas, e não pode sobreviver com antissemitas em posições de poder. Ambas as coisas são inimigas da nossa democracia liberal.

CAPÍTULO 6
Como Combater
—

NA FACULDADE, AS leituras obrigatórias incluíam *A República* e o Novo Testamento, Burke e Nietzsche, Virginia Woolf e *As Almas da Gente Negra*. Tudo isso me marcou. Mas o que mudou a minha vida de forma mais pessoal foi um ensaio curto, publicado em um site abandonado muito tempo atrás que ficava a maior parte do tempo fora do ar.

"Como Combater o Antissemitismo" foi escrito por um aluno da Columbia chamado Ze'ev Maghen, que estudara ali no começo da década de 1990. Maghen correspondia ao que agora se tornou uma ocorrência habitual na vida no *campus*: um antissemita conhecido ser convidado para dar uma palestra em uma universidade de elite. Naquele caso específico, a palestra foi feita por Leonard Jeffries, então diretor do departamento de estudos afro-americanos do City College de Nova York. O senhor Jeffries disse: "Todos sabem que judeus ricos ajudaram a financiar o tráfico de escravos". Ele também acreditava que "os judeus" controlavam Hollywood e faziam parte de um enorme plano genocida. "A judiaria russa", ele declarou em um discurso no Festival Empire State de Artes e Cultura Negras, em 1991, "mantém um controle privado das verbas, e seus parceiros financeiros, a máfia, montaram um sistema para a destruição do povo negro. Tudo isso foi planejado."

Desnecessário dizer que a comunidade judaica na Columbia não ficou contente com o fato de que um homem como esse fosse agraciado com um palanque na universidade. Senti a mesma coisa, anos depois, quando a minha *alma mater* ofereceu a maior plataforma no *campus* para o iraniano Mahmoud Ahmadinejad, um antissemita com muito mais poder do que Jeffries.

Na época de Maghen, a comunidade judaica do *campus* organizou um protesto similar a quase todos os outros protestos organizados pela comunidade judaica norte-americana que eu já tenha visto. Ele foi reativo e defensivo, com os manifestantes quase suplicando aos espectadores que averiguassem a sua humanidade essencial. Maghen ficou indignado com a fraqueza fundamental dessa abordagem. "Um homem lhe chama de porco", ele escreveu. "Você sai por aí com uma placa explicando que, na verdade, você *não* é um porco? Distribui panfletos postulando em detalhes as muitas diferenças entre você e um porco?"

Quantas vezes eu sucumbi diante dessa mesmíssima lógica? Quanto tempo desperdicei persuadindo, tentando convencer aqueles que achavam que eu não passava de um animal de que eu era uma pessoa como eles? "Você realmente acha que dá para se livrar do antissemitismo por meio de *protestos*?", ele perguntou. "Você honestamente acha que a manifestação de número 756.423 vai produzir os resultados que todas as suas predecessoras, nos Estados Unidos, na Europa e em todo lugar, consistentemente não produziram?"

Sim! Eu achava! Eu pensava exatamente isso, sem reconhecer que pensava assim. O choque da profundidade do meu engano me despertou.

"Pergunte a si mesmo", escreveu Maghen, e eu senti que a questão era diretamente direcionada a mim,

> *por que ainda estamos aqui? Qual é o segredo da nossa sobrevivência única, desafiadora e sem paralelos, contra todas as probabilidades e projeções? São Paulo previu que nós "desapareceríamos", Hegel disse que o show tinha acabado para nós, Spengler nos relegou à "estação do inverno", Toynbee nos chamou de fósseis. Errado, cavalheiros. Então o que é, qual o ingrediente que nos torna os "judeus indestrutíveis"? Qual é, como pergunta Mark Twain, o segredo da nossa imortalidade? Por certo, nenhum de vocês dirá que, depois de quatro milênios, e através das vicissitudes devastadoras e das selvagens depredações do exílio, que foram os nossos apelos, protestos e gritos por tratamento justo que nos sustentaram, que nos mantiveram vivos e nos trouxeram a essa época. Não, meus amigos, a nossa história nos ensina uma lição diferente: que são aqueles que, em vez de implorar e gritar, escolhem construir, educar com vistas ao renascimento cultural e nacional, desafiar o antissemitismo não com apelos judeus e lamentações judias, mas com sabedoria judaica, observância judaica, força judaica e conquistas judaicas — são esses que trazem sobrevivência, salvação e um futuro para o nosso povo.*

De repente, vi todos os debates e lamentações dentro da comunidade judaica sobre o boicote mais recente do *homus* israelense na cooperativa local, ou a resposta correta à Semana do Apartheid Israelense, ou a abordagem apropriada diante da aparição de uma suástica no *campus* — um protesto silencioso? Um comunicado à imprensa cheio de palavras fortes? Um grupo de diálogo? —, não só como um desperdício do nosso tempo precioso, mas como uma traição do que deveríamos fazer e ser. Comecei a perceber que construir era melhor do que implorar, que a afirmação é melhor do que a abjuração. Melhor não só estrategicamente, mas melhor para os judeus emocionalmente, intelectualmente e espiritualmente.

"Não judeus respeitam os judeus que respeitam o judaísmo, e ficam constrangidos com judeus que ficam constrangidos com o judaísmo", disse o rabino Jonathan Sacks, discorrendo a partir do tema fundamental defendido pelo falecido *Rebe* que fundou o movimento Chabad Lubavitch[1]. O que é mais atraente do que pessoas autoconfiantes, gratas por seu legado histórico e orgulhosas da própria cultura?

O ensaio de Maghen não oferece uma resposta completa, mas reorientou de maneira fundamental a minha postura. Ele fez com que eu parasse de rastejar e ficasse de pé, passasse da defesa para o ataque, da dúvida para a confiança, da vergonha para o orgulho.

Nada melhor para lembrá-lo de quem você é do que um soco no estômago. É natural e saudável reagir ao agressor. Mas se a resposta termina aí, na raiva, você perde uma tremenda oportunidade de analisar *por que* quis reagir e *pelo que*, exatamente, quer lutar.

Nas páginas anteriores, tentei descrever, da maneira mais honesta e direta que consigo, a natureza desse dragão de três cabeças, de tal forma que os norte-americanos de todas as fés e todos os credos possam vê-lo e confrontá-lo. Mas, assim como espero que a estrutura "como combater" deste capítulo seja parte do espírito maior "como combater" deste livro, também espero que, ao falar como judia a outros judeus sobre os fardos e obrigações desse momento urgente, e sobre o orgulho que sinto como norte-americana e judia, os leitores ouçam em minhas palavras um chamado que é dirigido a eles. Ou seja, dirigido a você.

---

[1] Vertente do hassidismo fundada pelo rabino Shneur Zalman de Liadi no século XVIII. Os líderes dessa ramificação do judaísmo são chamados de *Rebes*, termo iídiche derivado do hebraico *rabi*. (N.T.)

Não há um único momento na história judaica em que não houve antissemitas determinados a erradicar o judaísmo e os judeus. Mas os judeus não sustentaram essa magnífica civilização por serem antiantissemitas. Eles a sustentaram porque sabiam quem eram e *por que* eram quem eram. Eles foram acesos não por chamas vindas de fora, mas pelas chamas em suas almas.

Da mesma forma, nós lutamos travando uma batalha afirmativa *por* quem somos. Entrando na luta por nossos valores, pelas nossas ideias, por nossos ancestrais, pelas nossas famílias, por nossas comunidades, pelas gerações que virão depois de nós.

Assim como há um dragão de três cabeças — a a extrema direita, a extrema esquerda e o Islã radical —, acredito que também há três maneiras principais de combater essa besta. A primeira é a forma como nos orientamos com relação aos nossos inimigos. A segunda é a forma como nos orientamos com relação aos nossos aliados. E a terceira, e mais importante, é a forma como nos orientamos com relação a nós mesmos.

A luta começa com o que eu tentei fazer neste livro:

DIZER A VERDADE

Parece simples, mas talvez seja a regra mais difícil de seguir. Às vezes, dizemos mentiras para nós mesmos porque a realidade é dolorosa demais para ser encarada.

Uma verdade inconveniente é que, ao menos por esses dias, os judeus que vivem em países como a Hungria e a Polônia, governados por líderes protofascistas que promovem o nacionalismo étnico, dizem se sentir bem mais seguros (por uma margem de vinte pontos percentuais) do que os judeus de países como a França e a Alemanha, que fizeram muito mais para receber bem os refugiados e imigrantes. Esse fato solapa algo em que os judeus norte-americanos tendem a acreditar com fervor religioso: que o nacionalismo étnico sempre nos coloca em grande perigo, e as democracias liberais sempre nos protegem.

A história me dá a certeza de que o *status quo* dos judeus na Hungria e na Polônia não vai durar. No fim, sistemas políticos governados pelos caprichos de um só homem nunca protegem os judeus. "O melhor baluarte contra os islâmicos não é a extrema direita. É a democracia", disse Francis Kalifat, presidente da organização comunal dos judeus franceses, a CRIF, ao *Wall Street Journal*.

Não acredito que dar as costas para os valores que sempre nos salvaram — o Estado de Direito, a tolerância das diferenças, a cultura cívica compartilhada — é, de forma alguma, a solução, e tampouco finjo ter as respostas para o espinhoso problema da balcanização cultural na Europa. Mas creio que, para conseguirmos atravessar esse momento difícil, temos de ser honestos a respeito dele.

CONFIE NO SEU DESCONFORTO

Nós, judeus, temos a reputação de sermos ansiosos e histéricos, mas, Larry David à parte, a maioria de nós subestima o desconforto com o qual lidamos, desejosos de ver o lado bom, de nos misturarmos com os vizinhos, empenhados em não bancar as vítimas.

Essa regra é simples: não espere. Se uma organização que você apoia está se aliando a Louis Farrakhan, não procure uma forma de justificar a relação dela com um homem que diz: "Aqui, os judeus não gostam de Farrakhan e, então, eles me chamam de 'Hitler'. Bem, esse é um bom nome. Hitler foi um grande, grande homem". Se um político que você julgou representar os seus valores afirma que Israel está entre os piores abusadores dos direitos humanos no mundo, você sabe a verdade sobre esse político.

Em junho de 2019, quando a União dos Estudantes de Cambridge recebeu o primeiro-ministro da Malásia, um orgulhoso antissemita e negacionista do Holocausto que recentemente descrevera os judeus como "narigudos", ele disse à plateia: "Eu tenho alguns amigos judeus, muito bons amigos. Eles não são como os outros judeus, e é por isso que são meus amigos". O comentário vil não inspirou uma retirada em massa, mas arrancou gargalhadas da plateia — uma sala lotada com algumas das pessoas mais educadas do planeta. Eu admito que precisei assistir ao vídeo várias vezes para ter certeza de que vi e ouvi o que vi e ouvi, de tão doloroso que foi para admitir. Mas os meus olhos e ouvidos não mentiram. Tampouco os seus.

DENUNCIE. SOBRETUDO QUANDO FOR DIFÍCIL

Quando uma pessoa da direita nos ataca, é um alívio. Nos círculos que os judeus norte-americanos tendem a frequentar, denunciar políticos como

Steve King é fácil. Denunciar Ilhan Omar, não. Isso se dá porque a própria Omar é alvo de racistas e lunáticos que desejam lhe causar mal por causa de sua fé, de seu gênero ou da cor de sua pele.

Duas coisas podem ser verdadeiras ao mesmo tempo: Ilhan Omar pode defender ideias preconceituosas. E Ilhan Omar pode ser o objeto de ódio dos preconceituosos, incluindo o presidente Trump.

No entanto, muitas pessoas parecem incapazes de sustentar essas duas verdades em suas cabeças ao mesmo tempo. Se você criticar o antissemitismo de Omar, pode ser chamado de histérico ou hipersensível. O mais provável é que seja chamado de racista, supremacista branco ou fascista que está ativamente ameaçando a vida de uma minoria — uma tática proposital usada para tornar irrepreensível uma pessoa que sustenta más ideias.

Ninguém quer ser acusado desse tipo de coisa. E ninguém quer arruinar um jantar, perder amigos ou soar paroquial. E, então, o que eu vejo com muita frequência entre os meus amigos é que eles ficam de boca fechada e torcem para que alguém mude de assunto. Como meu amigo David Samuels costuma dizer: os judeus norte-americanos estão ansiosos para ser o tipo certo de vítima — isto é, vítimas das pessoas malvadas da direita, e não das boas pessoas da esquerda. A consequência disso é que há uma conspiração silenciosa apoderando-se de muitos judeus progressistas. A indignação é, cada vez mais, reservada para a privacidade e a segurança das nossas próprias casas.

Essa tática não vai parar a disseminação do antissemitismo. Ela vai acelerá-la. Então, fale de forma sóbria e responsável sobre criticar ideias, não identidades. É provável que, ao fazer isso, a sua vida se torne menos confortável. Mas desde quando ser um convidado divertido em um jantar é mais importante do que defender o que importa?

───────── FAÇA O TESTE DO QUIPÁ (OU DA ESTRELA DE DAVI)

Nas três primeiras décadas da minha vida, eu nunca usei um colar com a estrela de Davi. Sempre me pareceu redundante. Mas, desde o ataque em Pittsburgh, tenho usado um pendente com a estrela de Davi com regularidade, sobretudo em eventos públicos e em situações nas quais tenho consciência de ser uma das poucas judias no local. Essa demonstração de orgulho se tornou importante para mim. Quero que as pessoas saibam que não tenho medo.

Esse é o exemplo dado por Mitchell Leshchiner em sua formatura do ensino médio, na primavera de 2019, em Vernon Hills. Leshchiner não costumava usar um quipá. Mas os assassinatos em Poway mudaram as coisas para o garoto de catorze anos. "Era importante mostrar que ainda estamos aqui, e que continuaremos aqui, não importa o que aconteça", ele disse.

Quando comecei a viajar pelo país para dar palestras sobre o modo como reagi àquele momento, pedi a outros que fizessem o mesmo. A única maneira de combater o antissemitismo, eu afirmei após Pittsburgh, é jamais se acovardar perante o medo.

Mas preciso confessar que, depois, esse conselho fervoroso pareceu simplista demais, muito inconsciente dos diversos contextos em que os judeus podem se encontrar. Há pouco tempo, usando seus quipás, meu amigo Jamie e meu namorado estavam caminhando, indo para um casamento em Berlim, e alguém cuspiu neles. Teria sido melhor se eles não estivessem de quipá naquele dia? Ou houve algo formador de caráter na experiência? Não sou mãe, mas, quando pergunto a pessoas que têm filhos se elas permitiriam que as crianças se arriscassem, o impulso quase universal é de garantir a segurança delas.

Você conhece a sua comunidade melhor do que eu. Em Pittsburgh ou Nova York, eu jamais hesitaria em usar uma estrela de Davi. Em Paris ou Berlim, gostaria de fazer a mesma escolha, mas não tenho certeza de que seria seguro.

Algumas pessoas excepcionais sempre correm na direção do fogo. Pessoas como o falecido doutor Jerry Rabinowitz, de Pittsburgh, ou pessoas como Almog Peretz, um veterano das Forças de Defesa de Israel, que, em Poway, correu para ajudar as crianças a sair da linha de tiro e levou uma bala na perna, ou como Oscar Stewart, que enfrentou o atirador. Mas a maioria das pessoas não foi programada dessa forma.

Então, o meu conselho é o seguinte: pergunte a si mesmo se o lugar em que você vive passará no teste do quipá. Caso se sinta desconfortável usando um quipá ou um colar com a estrela de Davi na sua vizinhança, você deve traçar um plano para melhorar a sua vizinhança ou traçar um plano para se mudar da região.

Mais da metade (55%) de todos os judeus franceses pensou em emigrar no decorrer do ano passado. E isso não surpreende. Não é um bom sinal que muitas pessoas estejam deixando as cidades interioranas e se mudando para os poucos bairros de Paris ainda seguros para os judeus. Eles chamam de "exílio interno". Enquanto isso, quase 40% dos judeus britânicos dizem que "pensarão seriamente em emigrar" se Jeremy Corbyn se tornar o primeiro-ministro, segundo uma pesquisa do *Jewish Chronicle*.

Pergunte a si mesmo: posso afirmar a minha judaicidade com segurança no lugar em que vivo?

E, caso alguém xingue ou cuspa em você, lembre-se: você faz parte de uma nobre tradição de pessoas que defendem a verdade e o bem, e que, por isso, outros indivíduos tentam humilhar há muito tempo. Com o passar do tempo, os humilhados serão venerados como heróis.

———— NÃO CONFIE EM PESSOAS QUE PROCURAM DIVIDIR OS JUDEUS. MESMO QUE ELAS SEJAM JUDIAS

Vimos que, com frequência, o mundo tenta separar os "bons" judeus dos "maus" judeus. O que talvez surpreenda é a também longa história de judeus tentando fazer o mesmo.

Menelau foi um sumo sacerdote que trabalhou no Templo sob o domínio grego, na época dos macabeus. Outros sumo sacerdotes haviam tentado satisfazer os gregos por meio de subornos, mas Menelau fez de tudo. Ele colocou estátuas de Zeus no Templo e convenceu Antíoco a forçar os judeus a helenizar seus rituais. Otto Weininger foi um filósofo judeu alemão que se converteu ao cristianismo, e suas ideias sobre o judaísmo como "o extremo da covardia" e da judaicidade como algo pateticamente feminino foram aproveitadas pelos nazistas. Stella Kübler foi uma judia alemã de aparência ariana que colaborou ativamente com a Gestapo como uma *Greiferin*, uma "apanhadora" de judeus berlinenses que tentavam se passar por arianos.

Há muito que existem inúmeras razões e motivos para os judeus traírem uns aos outros. Com frequência, indivíduos fizeram isso em épocas letalmente perigosas, achando que salvariam a si mesmos e a outras pessoas caso se adequassem ao poder. Alguns fizeram isso porque eram covardes. Mas, em última instância, todos eles prejudicaram a integridade e a segurança dos próprios judeus. Qualquer um que tome parte nesse trabalho horrível – penso no pequeno grupo de judeus antissionistas que afirmam que os únicos judeus verdadeiros são aqueles que renunciam ao Estado de Israel – está fazendo consigo mesmo o que Farrakhan faz conosco: insistir em separar os bons judeus dos "judeus satânicos".

ABRA-SE PARA A POSSIBILIDADE DA MUDANÇA

Quando Hugo Black foi indicado para a Suprema Corte, o *Pittsburgh Post-Gazette* revelou que ele se envolvera com a KKK. Para tornar as coisas ainda piores, Black se defendeu com as falas clássicas, "Tenho entre meus amigos vários membros da raça de cor" e "Alguns dos meus melhores e mais íntimos amigos são católicos e judeus".

A ideia de que um homem com esse histórico seria uma das pessoas mais poderosas do país era profana. Mas Black se tornou um dos maiores juristas do século XX, um pilar do Tribunal de Warren e um defensor do caso *Brown vs. Conselho de Educação*.[2] As pessoas podem mudar.

Também penso em Derek Black, afilhado de David Duke e filho do homem que criou o Stormfront, o primeiro site supremacista branco a ganhar popularidade. Antes, Black era uma estrela ascendente naquele mundo intolerante. Hoje, ele luta contra isso.

E, talvez, eu pense mais em Mohammed Dajani, cuja história de vida é uma prova de que não somos condenados às circunstâncias do nosso nascimento. Nascido em 1946, Dajani cresceu em Jerusalém em um ambiente no qual, segundo contou a David Horovitz, do *Times of Israel*, todas as vezes em que brigava com seu irmão, sua avó dizia: "Malditos judeus, os judeus são os responsáveis por vocês dois brigarem". Por anos, ele foi um radical político e um antissemita inveterado, tornando-se, eventualmente, um oficial bem ranqueado do Fatah.

Como é frequente, a reviravolta aconteceu em um hospital. Em Israel, hospitais como o Hadassah Ein Kerem, em Jerusalém, são ilhas de coexistência entre israelenses e palestinos, e foi lá que o pai de Dajani estava recebendo tratamento por causa de um câncer. "Para a minha surpresa, comecei a perceber que os médicos e enfermeiros o tratavam como um paciente", ele contou a Horovitz. Testemunhar tal gentileza, ele se lembrou, "despertou a minha humanidade. Esse foi o ponto de partida".

No fim das contas, esse despertar fez com que ele levasse o primeiro grupo organizado de estudantes palestinos para Auschwitz, em 2014. A

---

[2] Um dos casos mais importantes da história norte-americana, ele tornou inconstitucional as divisões raciais entre estudantes negros e brancos nas escolas públicas dos Estados Unidos. A decisão foi tomada em 17 de maio de 1954 pela corte presidida pelo jurista Earl Warren (daí a expressão "Tribunal de Warren" usada pela autora pouco antes). (N.T.)

viagem destruiu a carreira de Dajani: ele foi demitido de seu cargo de professor na Universidade Al-Quds, difamado como colaboracionista e teve a vida ameaçada. Segundo Dajani, a universidade chegou a jogar fora cada um dos milhares de livros que ele doara para a biblioteca. "Não me preocupo com quem está ouvindo", ele diz. "Acho que a mensagem é mais importante — leve a mensagem e continue a defendê-la."

A mudança é sempre possível; nunca é tarde demais. O final de qualquer história ainda está por ser escrito.

──────────── PRESTE ATENÇÃO NOS SEUS INIMIGOS.
MAS, ACIMA DE TUDO, PRESTE ATENÇÃO NOS SEUS AMIGOS

É doloroso ser destruído publicamente, sobretudo quando aqueles que você achava que eram seus amigos se juntam aos outros ou se mantêm à parte, com medo de falar e serem criticados. Talvez mais doloroso do que as coisas hediondas que alguns dizem seja o silêncio daqueles que você pensou que eram seus aliados.

Mas garanto que as mil vozes que lhe condenarem — até mesmo dez mil — serão sufocadas quando uma única pessoa que você admira elogiar a sua coragem e disser que você está defendendo o que é certo, e que a inspirou a fazer o mesmo. Assegure-se de ouvir com atenção a voz solitária que significará mais para você do que a turba zurrante. Crie uma corrente do bem ao ser essa voz para outra pessoa.

──────────── SIGA O PRINCÍPIO DE PITTSBURGH

Isso talvez soe estranho, mas a reação ao que ocorreu em Pittsburgh me deu uma imensa esperança de que não estamos sozinhos nessa luta. Como salientou Danny Schiff, um dos meus rabinos, o que aconteceu em Pittsburgh não passou, à primeira vista, de outro *pogrom* dentre inúmeros outros que o nosso povo já sofreu. Mas olhe mais de perto.

Em 9 de novembro de 1938, na *Kristallnacht*, quando os nazistas incendiaram centenas de sinagogas em toda a Alemanha, alguns alemães comuns se aliaram a eles e outros ficaram parados, olhando para as chamas que ardiam. Em Pittsburgh, a reação foi o oposto. A comunidade inteira

— líderes muçulmanos, líderes cristãos, políticos, governantes, o departamento de polícia, as empresas, até mesmo as equipes esportivas — se levantou e disse "Não! Nós não permitiremos isso!".

Com muita frequência, quando o povo judeu era atacado, a comunidade e as autoridades locais apoiavam a agressão. Tragicamente, esse ainda é o caso na maior parte da Europa; muitos europeus não judeus ainda não encaram os ataques aos judeus como um ataque a si próprios. (Lembre-se da gafe de Raymond Barre sobre a matança de judeus em contraposição aos "franceses inocentes".)

Isso é o que torna os Estados Unidos tão diferentes. Norte-americanos não judeus entenderam que um ataque à comunidade judaica também é um ataque a eles. Como salientou Wasi Mohamed, então diretor do Centro Islâmico de Pittsburgh, "A retórica negativa contra a comunidade judaica é um veneno. Vocês sabem, é um veneno para a nossa democracia, é um veneno para o nosso país, e é negativo para todos nós, não só para aquela comunidade!".

O apoio de Mohamed — sem falar no apoio do time de futebol americano Pittsburgh Steelers; várias pessoas da organização foram aos funerais de Cecil e David Rosenthal, com um ex-jogador do time, Brett Keisel, ajudando a carregar um dos caixões — não foi um favor que ele nos concedeu. Esses vizinhos estavam se prontificando para defender os seus próprios valores.

Essa é uma reviravolta histórica que não pode ser subestimada. "Essa realidade arrebatadora e muito emocionante é quase sem paralelos na experiência judaica", escreveu o rabino Schiff no *Washington Post*. "Ela exige uma reavaliação da clássica narrativa antissemita. Antes, em um passado não muito distante, os judeus enfrentavam o mal essencialmente sozinhos; agora, qualquer que seja o mal que os judeus enfrentem nos Estados Unidos, ele será superado, e muito, por um mar de bondade."

Pittsburgh pode ser um modelo não só para o restante do país, mas também para toda a diáspora. De forma crucial, o teste aqui não é um teste dos judeus. É um teste para as sociedades que os cercam. Como Jonathan Rosen, um dos meus mentores, escreveu em 2001 no *New York Times*: "Quando os judeus da Europa foram assassinados no Holocausto, alguém pode ter concluído que o judaísmo europeu fracassou — em se defender, em antecipar o mal, em se tornar aceitável para o mundo ao redor, em fazer as malas e ir embora. Mas alguém poderia concluir que, de uma maneira mais profunda, o cristianismo europeu fracassou em aceitar a existência dos judeus em seu meio, e foi marcado desde então, e assim continuará para sempre, com essa mancha em sua cultura. Israel é um teste para os seus vizinhos tanto quanto os vizinhos são um teste para Israel. Se o experimento israelense fracassar, então, o Islã terá fracassado, bem como a cultura cristã, que desempenha um papel modelador em parte da região".

Quem passará no teste?

────────── ELOGIE AQUELES QUE FAZEM A COISA CERTA

Em maio, o Bundestag alemão declarou que "o padrão de argumentação e os métodos do BDS são antissemitas" e — mais — que são "claramente similares aos boicotes antijudeus da era nazista". Esse foi um posicionamento correto e que, ao menos para mim, passou quase despercebido.

Você já ouviu falar da Iniciativa Contra o Antissemitismo de Kreuzberg? Fico envergonhada de dizer que eu não tinha ouvido falar até começar a trabalhar neste livro. É uma organização em Berlim que trabalha para combater o antissemitismo, em especial nas comunidades muçulmanas. O fato de ter sido criada por um grupo de muçulmanos torna-a ainda mais incrível. Também incríveis são heroínas como a britânica Rachel Riley, célebre apresentadora de televisão que usa sua plataforma para expor de forma incansável o antissemitismo do Partido Trabalhista, e delatores corajosos como Louise Withers Green e Sam Matthews.

Rabinos de todo o país deviam usar seus sermões para transformar grupos e indivíduos assim em heróis. Queremos tornar mais fácil para os outros fazerem a coisa certa.

────────── AO MESMO TEMPO, DEVEMOS COMBATER O
ANTISSEMITISMO NO NOSSO PRÓPRIO LADO

Como disse a brilhante rabina Angela Warnick Buchdahl, da Sinagoga Central de Manhattan, em seu sermão no Rosh Hashaná[3] de 2018, o qual ela devotou ao crescimento do antissemitismo:

───────

[3] O ano-novo judaico. (N.T.)

Seja sincero: você ficou mais indignado porque Tamika Mallory se recusou a denunciar Farrakhan ou ficou mais indignado pela inabilidade de Trump de denunciar de forma direta os supremacistas brancos depois de Charlottesville? Você está inventando desculpas para um deles?

Para termos princípios nessa luta, devemos estar dispostos a denunciar o antissemitismo nas nossas próprias fileiras", ela disse. *"É fácil nos convencermos de que aquele que está 'do nosso lado' existe apenas como alguém à margem e impotente, ou que é superado por alianças ideológicas mais importantes. Mas temos de ser tão intolerantes em relação ao antissemitismo dos nossos aliados políticos quanto somos para com os nossos inimigos.*

É exatamente disso que as minhas amigas Carly Pildis, uma veterana ativista progressista, e Amanda Berman, que dirige uma organização sionista também progressista chamada Zioness, têm servido como modelos. Após a *Dyke March* de 2019 em Washington, D.C., anunciar que as bandeiras de orgulho judaicas seriam banidas, Pildis e Berman foram até lá no dia seguinte, com um grupo de outras aliadas, para apoiar as judias gays que queriam marchar com suas bandeiras. Acompanhando a distância, temi que tudo isso fosse infrutífero. Mas a presença delas levou ao sucesso: as responsáveis pela passeata acabaram permitindo a presença das mulheres judias — e suas bandeiras — no evento.

Essa experiência oferece duas lições instrutivas. A primeira delas é o poder da presença. "As pessoas que reclamam do preconceito da esquerda e pensam 'que outra pessoa lide com isso, prefiro ir almoçar' são preguiçosas ou não enxergam o panorama geral", Berman escreveu para mim. "Há um esforço conjunto para expulsar os judeus desses espaços e depois apontar para o fato de que não estávamos lá. Nós temos de estar lá. Nós sempre estivemos lá. E agora não é a hora de esperar que outra pessoa represente a nossa comunidade." A segunda lição é o poder de falar a língua do lugar em que você está. "Não estávamos lá para debater a política de Israel ou fazer um tratado sobre o sionismo", Pildis me falou. "Estávamos lá para apoiar mulheres judias gays e orgulhosas, a pedido delas. E foi exatamente isso que fizemos." Por fim, ao marcar presença, em vez de publicar críticas pelo Twitter, elas deram às organizadoras da marcha a chance de fazer a coisa certa.

O que foi mais gratificante, disse Pildis, é o que várias mulheres disseram para ela e Berman: "Eu sou judia. Eu estava do seu lado, mas tinha muito medo de vir aqui e ficar com você. Obrigada". Antes, essa pessoa poderia ser a própria Pildis. Como ela escreveu após a marcha, em um artigo para a *Tablet*: "Na maior parte da minha vida, simplesmente admiti o antissemitismo a serviço das causas com as quais me importava. Eu o ignorei, engoli o meu ódio e continuei a marchar pela liberdade, pela justiça e pela igualdade. Isso é um erro catastrófico que muitas de nós cometemos. Eu não o cometerei mais: se ignorarmos a maré crescente de antissemitismo ao nosso redor, iremos todas nos afogar." Vamos seguir o exemplo dela.

ESPERE SOLIDARIEDADE

Um dos episódios mais deprimentes dos últimos meses foi quando Felix Klein, o representante especial do governo alemão para questões relacionadas ao antissemitismo, disse que, por causa da violência rotineira contra judeus identificados como tais na Alemanha (e, a propósito, pessoas falando hebraico), ele "não poderia mais recomendar que os judeus usassem quipás a todo momento e em qualquer lugar da Alemanha". Por certo, Klein só estava tentando proteger os cidadãos judeus do país, mas o impulso aqui foi errôneo. A resposta correta foi surpreendentemente engendrada por um popular tabloide alemão chamado *Bild*. O jornal imprimiu um quipá destacável na primeira página. "Use para que seus amigos e vizinhos possam vê-lo", o editor-chefe escreveu no Twitter.

Esse foi o mesmo espírito que levou o povo francês a declarar *"Je suis Charlie"* e *"Je suis juif"* após os atentados terroristas de 2015. Foi, como afirmou Bernard Henri Lévy, "uma razão para termos uma verdadeira esperança, coisa pela qual já quase não esperávamos".

A Europa é muito boa em construir memoriais para judeus mortos. Ela ainda está aprendendo a proteger os judeus vivos. Vigílias honram os mortos, mas não fazem muito pelos vivos. A solidariedade, sim.

PARE DE SE CULPAR

Muitos judeus parecem ter uma crença quase teológica de que, de algum modo, o antissemitismo é culpa nossa. Talvez acreditem nisso porque é o que o mundo tem dito aos judeus há bastante tempo.

Tome como exemplo a disseminação do antissionismo. Alguns sugerem que, se Benjamin Netanyahu não fosse primeiro-ministro, as pessoas abandonariam a crença de que o Estado de Israel não deveria existir. Outros argumentam que, se qualquer outra pessoa fosse primeira-ministra, o antissionismo iria se multiplicar exponencialmente. Ambas as ideias são tão ridículas quanto culpar os judeus pelo libelo de sangue.

Pessoas razoáveis não culpam as vítimas de estupro pelo vestido que escolheram, pessoas razoáveis não culpam os gays pelos xingamentos homofóbicos que recebem, e pessoas razoáveis não colocam a culpa nos judeus pelo antissemitismo. Como Ze'ev Maghen disse muitos anos atrás, não devemos nos colocar na posição de implorar aos nossos inimigos para que eles digam que, de fato, não somos porcos. Para fazer isso, devemos realmente acreditar que não somos porcos.

ESCOLHA A VIDA

Nos dias de hoje, aceitar os valores judaicos mais importantes não é uma abstração; pode significar ir a aulas de autodefesa, ou treinar tiro, ou levantar dinheiro para uma avaliação da segurança de uma comunidade. Na juventude, eu nunca pensava muito sobre a minha segurança ao entrar em uma sinagoga, um centro de cultura judaica ou mesmo em um museu do judaísmo. Agora, ir a um desses lugares é como entrar em um aeroporto. (Mas, de novo, entrar em um aeroporto nem sempre foi assim até 11 de setembro de 2001, com uma exceção: viajar para Israel.)

No começo do ano letivo, a pré-escola judaica de Manhattan frequentada pelo filho de amigos próximos tinha um guarda desarmado na porta. Na manhã seguinte ao atentado de Pittsburgh, um guarda armado se juntou ao desarmado. Na manhã seguinte ao atentado de Poway, um terceiro guarda se juntou aos outros dois para ficar, todas as manhãs, na calçada defronte à escola.

Qualquer pessoa que tenha visitado uma sinagoga em Londres, Paris ou em qualquer país da América Latina sabe que, em comparação, as nossas sinagogas ainda são muito abertas ao público. Como disse Angela Merkel sobre a Alemanha: "Até hoje, não existe uma única sinagoga, uma única creche para crianças judias, uma única escola para crianças judias, que não precise ser protegida por policiais alemães".

Proteger a vida de judeus é trabalho do FBI e da polícia. Mas nós podemos ajudar. Organizações de proteção das comunidades, como o Consórcio de Segurança da Comunidade, na Inglaterra, e o Serviço de Proteção da Comunidade Judaica, na França, inspiraram um grupo de norte-americanos a criar o Community Security Service [Serviço de Segurança da Comunidade], uma organização de voluntários cujo foco é o treinamento de pessoas da comunidade judaica para que elas possam oferecer uma segurança de nível profissional em espaços judaicos. O CSS já treinou mais de cinco mil judeus em todo o país; sempre vejo agentes da CSS em eventos comunitários.

"É lamentável que vivamos numa época em que isso é necessário", disse-me Daniel Zaffran, um voluntário da CSS. "Mas não estamos tentando ser Chicken Little ou dizer que as paredes estão se fechando sobre nós. Ainda penso que os Estados Unidos são diferentes. Temos uma história diferente. As coisas estão tensas agora, mas temos fé em nosso governo e em nossos vizinhos, e isso simplesmente não existe na maioria dos países."

Mesmo assim, precisamos estar alertas a mudanças em nosso nível de conforto e não ter medo de avisar quando precisarmos de proteção literal.

NUNCA EXIJA DE SI MESMO O QUE VOCÊ NÃO EXIGIRIA DE OUTRA MINORIA

Estive recentemente em Berkeley, em um jantar com outros judeus, no qual uma mulher de meia-idade falava aos presentes sobre um retiro permacultural a que fora pouco antes. Ela falava de forma efusiva sobre a incrível diversidade do grupo, como havia todos os tipos de pessoas: transgêneros, negros, latinos, entre outros.

Mas uma coisa fez com que ela se sentisse meio desconfortável, conforme disse depois. Uma das pessoas no retiro estava dizendo às outras que os Rothschild controlavam o governo. E que todos deviam ler *Os Protocolos dos Sábios de Sião*.

Essa é uma doença trágica. Que outro grupo de pessoas sofreria um preconceito tão grosseiro e orientado não pelo fanatismo, mas por genuflexões perante a identidade aparentemente sagrada do preconceituoso?

Se você soubesse de uma universidade na qual professores titulares vociferassem xingamentos contra os gays, você esperaria que pessoas gays doassem dinheiro para essa instituição? Se um museu monta rotineiramente exposições que depreciam o povo negro, você esperaria que benfeitores negros dessem contribuições?

Não dê tempo e dinheiro para causas, instituições, ONGs ou universidades que compactuam com o antissemitismo. Uma universidade é realmente prestigiosa se despreza você e a própria ideia de pluralismo que outrora permitiu aos judeus prosperarem lá? A questão responde a si mesma.

RESISTA A POLÍTICAS IDENTITÁRIAS HIERARQUIZADAS

A política identitária corrupta da direita — as Olimpíadas da Pureza — diz aos judeus que eles jamais serão brancos ou cristãos o bastante. A política identitária corrupta da esquerda — as Olimpíadas da vitimização — diz aos judeus que eles jamais serão oprimidos o bastante. Nessas visões de mundo maniqueístas, ou os judeus não são brancos o bastante, ou eles são brancos demais. Em ambos os casos, somos enquadrados como os inimigos do "povo".

Em geral, a única saída dessa armadilha é o judeu confessar seus pecados e renegar parte de si mesmo. Mas não vale a pena se juntar a um movimento ou partido político que nos força a fazer essa escolha — que confere parte da nossa identidade na entrada.

Não devemos fazer um trato que exija que apaguemos a nós mesmos. Fazer isso é participar da nossa própria e lenta destruição. Ao resistir a essa barganha demoníaca, devemos seguir o exemplo da britânica Luciana Berger, que deixou os trabalhistas, partido que fora sua casa por vinte anos, depois de uma campanha perversa de antissemitismo que ela, a princípio, combateu interna e fortemente, sendo, inclusive, forçada a comparecer a uma conferência do próprio partido com proteção policial.

Agora, ela trava a batalha como uma política independente. Quem sabe o que virá, se é que virá alguma coisa, do novo partido que ela cofundou, Change UK? Mas, ao deixar os trabalhistas, ela enviou uma mensagem que eu rezo para que ecoe com força: nunca se ajoelhe ou sacrifique a sua dignidade.

NUNCA, JAMAIS, ESQUEÇA DE AMAR O SEU PRÓXIMO

Um ataque a uma minoria é um ataque a você.

É simples. Se alguém sofrer um ataque por causa de sua identidade, e não por conta de suas ideias, encare isso como um ataque a você. Isso se aplica tanto a Donald Trump dizendo que Gonzalo Guriel, nascido em Indiana, não era apto a servir como juiz por ser "mexicano" quanto à notícia de um homem hassídico espancado quando caminhava pela rua em Crown Heights.

A minha liberdade está atada à sua — isso é um clichê porque é verdade. É a ideia por trás de organizações como a HIAS, e foi a motivação por trás da campanha de doações organizada pela Federação Judaica da Grande Pittsburgh para as vítimas do ataque à mesquita na Nova Zelândia, campanha que angariou mais de 650 mil dólares. Alianças que pedem a você para renegar ou distorcer uma parte fundamental de si mesmo não são legais. Mas e as alianças que permitem que você, tal como é, trabalhe pelo bem comum? Essas são fundamentalmente judaicas e devem ser buscadas.

LUTE, PRIMEIRO E ACIMA DE TUDO, COMO NORTE-AMERICANO

Se você está lendo este livro nos Estados Unidos, essa luta é mais fácil, e não só porque o antissemitismo aqui não é tão ruim quanto na Europa. É também porque a afirmação dos valores norte-americanos — ódio aos tiranos, amor à liberdade, liberdade de pensamento e religião, a noção de que todas as pessoas são criadas iguais — é a afirmação de valores judaicos. E você não pode pensar em ideias mais importantes pelas quais lutar do que essas.

Quando os antissemitas atacam os judeus, também atacam os próprios Estados Unidos. Não só porque não há sinal maior de desintegração social do que a disseminação do antissemitismo, mas porque os ideais americanos e judaicos são harmoniosos.

Eu acredito nas premissas capazes de mudar o mundo e na promessa deste país. E acredito que a melhor aposta é de que esta ainda é uma nação excepcional. O dever de combater o antissemitismo vem do nosso dever como norte-americanos que almejam que esse país sobreviva, progrida e viva de acordo com os seus ideais sagrados — ideais que têm sido colocados sob pressão de formas que faltou imaginação à maioria de nós para antecipar.

A comunidade judaica — 2% da população — não pode enfrentar esse problema sozinha. Precisamos insistir para que as sociedades das quais fazemos parte tomem uma atitude contra os antissemitas porque eles estão no cerne daquilo que corrói o tecido de uma civilização.

Precisamos expor que a extrema direita e a extrema esquerda estão mentindo sobre a história dos Estados Unidos. Os supremacistas brancos mentem ao afirmar que detêm a primazia cultural norte-americana. Eles fazem isso apagando o patrimônio bíblico vivo que nutriu os fundadores e ressoa nas palavras gravadas no sino tocado em 1776 para marcar a assinatura da Declaração de Independência. De modo crucial, aquele monumento à liberdade não recebeu o nome pelo qual o conhecemos — Sino da Liberdade — até o século seguinte, quando os abolicionistas o adotaram, e sua inscrição bíblica é um emblema da liberdade universal pela qual eles lutavam. No entanto, aqueles na extrema esquerda que afirmam que os judeus são colonialistas brancos em uma terra estrangeira estão apagando a história do próprio lugar onde se declarou pela primeira vez "proclame a liberdade".

Aqueles da extrema direita flertando com a suástica e aqueles da extrema esquerda glorificando o martelo e a foice, ambos estão levantando as bandeiras dos inimigos que derrotamos. Os Estados Unidos que combateram esses males são os Estados Unidos pelos quais lutamos quando lutamos contra o antissemitismo. Se você ama esse país, se você ama a liberdade e o liberalismo em suas acepções mais amplas, é do seu interesse eliminar esse veneno. Não faça isso só pelos judeus. Faça por si mesmo e por sua família. Faça por esse país que todos nós temos para compartilhar.

ONDE QUER QUE VOCÊ ESTEJA, VOTE PELA LIBERDADE

Os judeus prosperam na liberdade porque a representamos pela nossa própria existência. As crenças judaicas de que todos nós somos criados à imagem de Deus e de que é sempre errado adorar falsos ídolos têm sido a perdição de impérios, ditaduras e estados escravistas há tanto tempo quanto existem judeus. Essa é a razão pela qual, como disse o rabino Jonathan Sacks, os "judeus sempre foram tão irritantes para os impérios, por causa da nossa insistência na dignidade do indivíduo e em sua liberdade". Quanto mais uma sociedade aprecia a liberdade, mais os judeus prosperam nela.

Tudo isso é instrutivo quando pensamos sobre como votamos. É uma variação da pergunta sobre o quipá: esse partido político, esse movimento, essa organização, esse grupo de ativistas — seja o que for — quer que eu seja a mim mesmo por inteiro? Ou, para ser aceito ou estar seguro, precisarei esconder as minhas verdadeiras opiniões ou eliminar partes de quem eu sou? Procure os políticos, partidos e organizações que querem que você seja você por inteiro. E os apoie.

PRESERVE O SEU LIBERALISMO

Não estou convencida de que vivemos outra vez na década de 1930, mas é evidente que muitas pessoas *sentem* como se estivéssemos – e, como resultado, elas estão se movimentando politicamente. Nazistas ou comunistas: você precisa escolher. Aqueles que, até pouco tempo, estavam numa posição de centro-direita, agora estão se voltando contra o próprio liberalismo. Aqueles que outrora estavam na centro-esquerda, estão fazendo a mesma coisa por razões diferentes. Os primeiros adoram cada vez mais o Estado, os outros adoram o estatismo.

Há uma boa razão para isso. O centro se desfez, e as pessoas não se sentem confortáveis como desabrigadas políticas – o que, nos dias de hoje, significa moderação –, então, elas saltam ainda mais para os extremos, onde são recompensadas com uma sensação de lealdade tribal.

Nada disso é bom para uma democracia saudável, e nada disso é bom para os judeus. Adoração do Estado, algo que vemos na direita nacionalista, é adoração de um falso deus. E adoração do grupo em detrimento da dignidade do indivíduo, que vemos na extrema esquerda, é adorar uma falsa deidade. A história mostra que ambas as coisas terminam em derramamento de sangue.

APOIE ISRAEL

Quando, hoje em dia, os judeus em Paris, Londres, Budapeste ou San Diego se sentam à mesa de jantar e discutem se deveriam ou não estar fazendo as malas outra vez, pegando a bagagem que o judeu tem carregado por milhares de anos, nós sabemos que os nossos medos e ansiedades são fundamentalmente diferentes dos medos e as nossas ansiedades dos judeus que viveram antes de 1948. Nós sabemos que, se necessário, podemos pegar as malas e nos mudarmos para um estado que tenha um exército e armas nucleares. A sensação de segurança que a existência de Israel oferece não pode ser subestimada. Ela torna possível a vida em meio à incerteza do Brooklyn ou de Toulouse. Qualquer pessoa que negue isso está, eu acredito, mentindo para você ou para si mesma.

Apoiar Israel não significa — eu não acredito que preciso dizer isso — jamais criticá-lo. Pelo contrário, significa exigir que Israel esteja à altura de seus ideais. Mas também é importante ter em mente que, não obstante os erros de Israel, ele é um milagre político e histórico. Meu colega Roger Cohen disse o seguinte em um artigo recente: "Acredito que os judeus ficariam bem sem Israel tanto quanto acredito que a lua é um balão. Criticar Israel é um imperativo; renegá-lo é, para um judeu, uma forma de tolice a-histórica".

Que eu possa andar hoje pelas ruas de Tel Aviv como uma mulher feminista, usando uma regata, que Israel seja uma sociedade livre e liberal no meio do Oriente Médio, é uma conquista tão grande que, com frequência, muitas pessoas têm dificuldades para compreendê-la. Devemos trabalhar duro para apreciar sua magnitude.

PRESERVE O PARADOXO DE DAVI E GOLIAS

Fissuras se abriram no mundo judaico: a divisão entre norte-americanos e israelenses; entre a geração mais velha e conservadora e os mais jovens e liberais. Mas creio que a divisão mais significativa é aquela entre o que defino como as pessoas-Davi e as pessoas-Golias.

As pessoas-Davi acham que os judeus estão sempre cercados, que outro assassinato em massa pode estar muito próximo de acontecer, que Israel é um pequeno posto avançado em uma vizinhança hostil. Se as pessoas-Davi têm uma lente grande-angular, as pessoas-Golias têm uma lente zoom. Elas acham que os judeus estão muito bem, que a nossa força supera a nossa vulnerabilidade, e que, em relação aos palestinos, não há dúvida sobre quem tem a vantagem. Há verdades em ambas as versões. O desafio e o objetivo são manter ambas em tensão dentro de nós mesmos.

CONSTRUA UMA COMUNIDADE

Instituições são conservadoras por natureza. Pela minha experiência, sua busca de consenso é, com frequência, frustrante. Elas emitem comunicados hipócritas para a imprensa, temerosas de chatear um ou outro constituinte, e são obcecadas em dirigir comitês, publicar artigos e processos, em vez de fazer o que precisa ser feito.

O que não me desaponta — pelo contrário, o que me dá forças para sentir que eu posso lutar — é a comunidade. A minha comunidade espelha o povo judeu: ela se espalha por diversos fusos, estados e países, mas compartilha uma língua e um conjunto de objetivos.

Assim como, no judaísmo, quase nada pode ser feito por uma só pessoa — dez indivíduos são necessários para formar um *minian* e orar —, nada na vida pode ser feito por alguém sozinho. O trabalho de combater o antissemitismo exige um bando de macabeus. Então, encontre esse bando. Se ele ainda não existir, crie um.

NÃO DIVIDA, MULTIPLIQUE

Essa é a sábia aritmética comunitária que o meu amigo Liel Leibovitz observou em Pittsburgh alguns dias depois do atentado. Ele escreveu o seguinte para a *Tablet*:

> *Em vez de pertencer a uma sinagoga e se recusar a frequentar qualquer outra, as pessoas aqui frequentam várias, indo a um templo para estar com amigos, por exemplo, a outro para ouvir um sábio rabino falar, e a um terceiro para apreciar alguma bela liturgia. No Shabat Teshuvá, o Shabat entre o Rosh Hashaná e o Yom Kippur, um imigrante ortodoxo de fala macia, que se fixou em Pittsburgh depois de fugir do clima antissemita de Paris, disse que algumas sinagogas da cidade se juntaram, nomeando um rabino para falar com as congregações assim reunidas. Nada disso é para dizer que algumas distinções importantes — teológicas, políticas e emocionais — não são observadas ou respeitadas; elas são. Mas jamais se permite que elas cresçam de forma tão voraz ou descontrolada a ponto de devorar a comunidade a que, em última instância, servem, uma comunidade que insiste em sempre se manter maior do que a soma de suas partes.*

Amém.

SE VOCÊ SE VIR SOZINHO, SAIBA QUE ESTÁ EM BOA COMPANHIA

A solidão tem sido parte da essência do judaísmo no mundo desde, bem, o primeiro judeu de todos. Você consegue imaginar algo mais solitário do que a história da vida de Abraão?

Eis um homem convocado por Deus para destruir os ídolos que seu pai e sua comunidade adoravam, deixar a cidade onde foi criado e se tornar um nômade. Tudo isso baseado na promessa divina de que, no fim, ele se tornaria o pai de uma grande nação. Ah, e em algum momento ele seria instado pelo mesmo Deus a oferecer seu filho Isaac em sacrifício. Não foi exatamente uma vida fácil.

A história de Abraão é profundamente judaica. Ele resistiu de forma radical à ortodoxia predominante de seu tempo. Você não precisa acreditar na verdade literal da história de Abraão para se impressionar com os ideais que ela ilustra: a recusa em adorar falsos ídolos e a coragem de estar em descompasso em relação àqueles ao seu redor.

Hoje, os ídolos são mais abstratos do que as cerâmicas para as quais Terá, o pai de Abraão, rezava. Eles têm a forma do poder e do prestígio. E a tentação de manter a boca fechada sobre as suas convicções a fim de progredir, de se dar bem com os outros, de ser benquisto é muito sedutora.

No que diz respeito à política, os judeus norte-americanos de hoje são muito parecidos com o nosso ancestral nômade. Cabe a nós, em face dessa solidão, sermos como Abraão. Sermos corajosos o bastante para dizer que, sim, nós somos diferentes. Somos parte de uma tradição que é muito maior do que o momento político atual — uma tradição que nos ajudará a atravessá-lo. Precisamos ser corajosos o bastante para nos mantermos à parte, para não nos dobrarmos à multidão, para não sucumbirmos ao que o grupo pensa.

Devemos encontrar força e orgulho por sermos um povo que destrói ídolos.

SABER QUANDO SE LEVANTAR SOZINHO DEPENDE DE SABER EXATAMENTE PELO QUE VOCÊ ESTÁ LUTANDO

Da lifnei mi atá omed. Saiba perante quem tu estás. Esta frase está inscrita sobre a arca na maioria das sinagogas em todo o mundo.

Talvez você esteja perante Deus. Talvez você seja um dos sortudos que têm certeza disso. Quanto a mim, tento viver como se estivesse. Eu me identifico com a maneira como o falecido Charles Krauthammer se descreveu para mim: como um judeu xintoísta. Ele se referia à adoração ancestral, mas é claro que judeus já veneram seus ancestrais, como certamente sabemos. Três vezes por dia, rezamos para o Deus de Abraão, Isaac e Jacó, Sara, Rebeca, Raquel e Lea, nomeando cada um deles.

Eu me levanto perante o valor e os sacrifícios dos meus ancestrais. Eu me levanto perante a iconoclastia de Abraão e Sara. Eu me levanto perante a fé do rabino Akiva e a coragem de Hannah Senesh. Eu me levanto perante a ousadia dos macabeus, perante a compaixão de Ruth, o otimismo de Anne Frank e a audácia de Ben-Gurion.

Esse é o meu orgulhoso legado. Essa é a minha herança. Essa é a linhagem da qual quero fazer parte, não importando quão pequeno seja o meu papel. E não se trata de uma linhagem sanguínea. A Ruth bíblica, afinal, era uma convertida egressa de um dos mais odiados grupos de indivíduos na Bíblia, os moabitas. Ela deixou sua tribo e seguiu a sogra, Naomi, de volta para a terra de Israel. É a linhagem de Ruth que os judeus acreditam que deu ao mundo o Rei Davi e que dará, por fim, o Messias.

Em outras palavras, a linhagem não é genética; é uma linhagem da escolha. Olhe à sua frente e olhe para trás. Quem você está trazendo para se juntar à nossa eterna corrente?

Como Walker Percy perguntou certa vez,

> *Por que ninguém acha incrível que, na maioria das cidades do mundo de hoje, há judeus, mas não há um hitita sequer, embora os hititas tivessem uma civilização próspera enquanto os judeus que estavam por ali eram um povo fraco e obscuro? Quando alguém encontra um judeu em Nova York, Nova Orleans, Paris ou Melbourne, é incrível que ninguém considere esse evento incrível. O que eles estão fazendo aqui? Mas é ainda mais incrível perguntar-se: se há judeus aqui, por que não há hititas? Onde estão os hititas? Mostre-me um hitita na cidade de Nova York.*

Não sei a razão última pela qual grandes impérios caíram e, mesmo assim, milhões de judeus ao redor de todo o mundo ainda recitam o Shemá na mesma língua de sempre. Acho que podemos nos esforçar, mesmo que isso não seja a resposta, para sermos sempre gratos pelo milagre.

ENTREGUE-SE AO JUDAÍSMO

Em dezembro de 1897, Theodor Herzl escreveu um pequeno ensaio intitulado "A Menorá". O ensaio tem a forma de uma parábola, e o tema é claramente o próprio Herzl. Também suspeito que o tema possa ser muitos de vocês, e que o ensaio poderia ter sido escrito hoje. "Certa vez, houve um homem que sentiu no fundo de sua alma a necessidade de ser judeu. Suas circunstâncias materiais eram satisfatórias o bastante. Ele ganhava bem e era afortunado por ter uma vocação na qual podia agir segundo os impulsos de seu coração", começa Herzl.

Havia muito tempo que ele não atormentava a própria cabeça pensando sobre sua origem judaica ou a fé de seus pais, quando o velho ódio retornou com um slogan moderno. Como tantos outros, o nosso homem também acreditava que esse movimento logo desapareceria. Mas, ao invés de melhorar, as coisas pioraram. Embora ele não fosse pessoalmente afetado por eles, os ataques o machucavam todas as vezes. Pouco a pouco, sua alma se tornou uma ferida a sangrar.

Se você está lendo este livro, talvez se identifique com alguma coisa das linhas acima.

O relato continua:

Esse tormento psíquico secreto teve o efeito de conduzi-lo para a sua fonte, a saber, sua judaicidade, com o resultado de que ele vivenciou uma mudança que jamais sofreria em dias melhores porque se tornara tão alienado: ele começou a amar o judaísmo com grande fervor. A princípio, ele não reconheceu por completo essa afeição misteriosa, mas, por fim, ela cresceu com tanta força que seus sentimentos vagos se cristalizaram em uma ideia clara à qual ele deu voz: o pensamento de que havia apenas uma saída desse sofrimento judaico – a saber, o retorno ao judaísmo.

Quando seus melhores amigos, cuja situação era similar à dele, ficaram sabendo disso, balançaram suas cabeças em desaprovação e pensaram que ele havia enlouquecido. Como é possível que algo que significa apenas uma intensificação e um aprofundamento da enfermidade possa ser um remédio? Ele, por sua vez, pensou que a angústia moral dos judeus modernos era tão aguda porque eles haviam perdido o contraponto espiritual que os nossos antepassados dominavam.

O que é maravilhoso é o tamanho da distância percorrida por Herzl em tão pouco tempo. Em 1893, ele propôs por escrito a conversão em massa dos judeus austríacos na Catedral de Santo Estêvão, em Viena. No fim das contas, ele saiu daquele desespero. A conversão não era a resposta. A resposta estava lá mesmo, na Bíblia. A resposta era os judeus escolherem a vida – vidas inteiras, não parciais. A resposta em nossa época é exatamente a mesma.

Yisroel Goldstein foi um exemplo do espírito dos nossos ancestrais na manhã de 27 de abril de 2019. Atiraram em dois de seus dedos. Ele perderia um deles. E, no entanto, antes de permitir que o levassem para o hospital, ele proferiu estas palavras da Torá: "Em todas as gerações, eles se levantam contra nós para nos destruir; e o Sagrado, abençoado seja Deus, salva-nos das mãos deles. Am Yisrael Chai. O povo de Israel vive".

CULTIVE A SUA IDENTIDADE JUDAICA – E A IDENTIDADE DAQUELES PRÓXIMOS DE VOCÊ

Talvez seja fazendo um jantar de Shabat todas as semanas. Talvez seja optando por matricular seus filhos na escola judaica. Talvez seja programando uma viagem para Israel, ou maratonando *Shitsel* na Netflix, ou lendo a poesia de Yehuda Amichai ou os romances de David Grossman ou Geraldine Brooks. Talvez seja se inscrevendo em aulas de meditação ou misticismo judaico. Talvez seja assinando um jornal judaico ou israelense, ou doando para uma instituição de caridade que você admira.

Cultivar e fortalecer a sua identidade judaica talvez não pareça uma maneira óbvia de combater o antissemitismo, mas, na verdade, é uma das armas mais poderosas contra ele. Esse é, sobretudo, o caso de pais que têm a oportunidade de criar a próxima geração de judeus educados, orgulhosos e felizes.

Em 2019, em Jerusalém, perguntei a um dos meus heróis, Natan Sharansky, se era possível ensinar as pessoas a serem corajosas. De todas as pessoas que conheci, ele era a que estava em melhor posição de saber isso, tendo passado nove anos preso em um *gulag* soviético pelo crime de querer emigrar para Israel. Quando estava confinado à solitária, jogava xadrez mentalmente a fim de não enlouquecer. O que esse homem tão corajoso tinha a compartilhar sobre o ensino da bravura? "Você não pode ensinar ninguém a ser corajoso", ele me disse. "Tudo o que você pode fazer é mostrar o quanto é bom ser livre."

SAIBA QUE UMA PESSOA PODE MUDAR A HISTÓRIA. SERIA VOCÊ?

Se a gente aprendeu uma coisa com a história é que o fim nunca é predeterminado. Se Churchill não tivesse sua singular determinação, talvez todos falássemos alemão hoje.

Herzl era um judeu assimilado e rico que falava hebraico muito mal. Jornalista e dramaturgo, despertou para o judaísmo e seu povo por causa do antissemitismo que viu ao redor, o que o empurrou para uma solução radical. Em 1896, ele escreveu um livro curto no qual expôs seu argumento: *Der Judenstaat*, "O Estado Judeu".

"Ninguém pode negar a gravidade da situação dos judeus. Onde quer que vivam em números perceptíveis, são mais ou menos perseguidos", ele escreveu. O único recurso seria o retorno dos judeus à soberania política em sua terra natal após mais de dois mil anos de exílio.

O livro conclui: "Portanto, eu acredito que uma admirável geração de judeus florescerá. Os macabeus se levantarão outra vez. Deixe-me repetir mais uma vez as minhas palavras de abertura: os judeus que desejam um Estado o terão. Finalmente, viveremos como homens livres em nossa própria terra, e morreremos em paz em nossas próprias casas".

Um ano depois, em 1897, Herzl fez algo que muitas pessoas acharam que era uma piada. Ele convocou um Congresso Sionista na Basileia. Ele pediu aos duzentos delegados que usassem fraques para simbolizar a formalidade e a seriedade da ocasião.

"Este não é mais o elegante Dr. Herzl, de Viena; é o descendente real de Davi levantando-se da tumba", um dos delegados escreveu. Herzl tinha uma sensação similar quanto à importância histórica da reunião. "Na Basileia, fundei o Estado judeu. Se eu dissesse isso hoje, em voz alta, seria acolhido com gargalhadas universais. Em cinco anos, talvez, e por certo em cinquenta anos, todos perceberão isso."

Ele estava tão confiante que, antes de morrer, com 44 anos, disse: "Desejo ser enterrado no jazigo ao lado do meu pai e ficar lá até que o povo judeu leve os meus restos para Israel". Em 1949, seus ossos foram levados para Jerusalém.

O fundador espiritual do Estado judeu não era erudito, rabino ou líder natural. Foi um judeu que despertou para o chamado da história, para o chamado de seu povo. Onde quer que leia sobre a incrível vida de Herzl, eu me lembro de outra judia improvável que salvou seu povo: Rainha Ester. Na história do Purim, a salvadora do povo judeu é uma mulher que chegou aos mais altos escalões da sociedade persa como a esposa assimilada do rei.

Quando o perverso vizir do rei, Haman, decide matar todos os judeus do reino, Ester hesita em se expor. Apelar ao rei em nome de seu povo provavelmente resultará na sua própria morte. Seu tio Mardoqueu lhe diz: "Não imagines que, porque estás no palácio, serás a única a escapar dentre todos os judeus. Pelo contrário, se te obstinares a calar agora, de outro lugar se levantará para os judeus salvação e libertação, mas tu e a casa de teu pai perecereis. E quem sabe se não teria sido em vista de uma circunstância como esta que foste elevada à realeza?"[4]

Atente para a sua própria vida. Talvez você tenha chegado à sua própria posição na realeza para este momento exato. O sentido do poder que acumulamos não é apenas ficar do lado das pessoas que estão no poder, coisa que aprendemos no exílio. O sentido está em usar esse poder.

CONTE A SUA HISTÓRIA

A resposta apropriada — e, em última instância, a única — para esse momento é praticar o judaísmo da afirmação, não um judaísmo defensivo.

Isso é o que fez Lori Gilbert-Kaye, assassinada em Poway. Se alguém estava doente e precisava de comida, Lori providenciava. Se alguém precisava de uma carona para a quimioterapia, Lori estava lá. Ela dava cestas de Páscoa para as crianças, embora essa não seja uma tradição exatamente judaica. Como todos que a conheceram atestam, Lori personificava o *hesed*, a gentileza amorosa. Ela é o melhor do povo judeu, e nós devemos emular a excelência de sua vida.

E, no entanto, outro dos meus rabinos, Noa Kushner, da comunidade Kitchen em São Francisco, disse o seguinte no Shabat após Poway: "Apenas a Torá viva, apenas o que está acontecendo aqui e, é claro, em muitos outros lugares, apenas o Shabat, apenas essa Torá viva pode ser uma

---

[4] Ester 4,13-14. (N.T.)

resposta apropriada para a destruição sem sentido. Não só porque esses rituais e modos de vida são apenas isso, modos de *vida dos vivos*. Mas porque esses mandamentos nos ajudam a proteger aquilo em nós que *nenhuma cerca pode proteger*".

Como se vê, a maneira correta de combater essa doença do antissemitismo é contando a nossa história – a narrativa épica da história do nosso povo –, sobretudo para as gerações mais jovens.

Qual era a probabilidade de que o povo de Israel, expulso, como disse Moisés, para os confins do céu,[5] voltaria, de fato, para sua terra ancestral para se reunir com os remanescentes que sobreviveram nos recantos da terra, após dois mil anos de exílio, de perseguição, de destruição, de expulsão e de quase eliminação? Que um povo tão desprezado sobreviveria e medraria? Esses são milagres terrenos tão maravilhosos quanto a abertura do Mar Vermelho.

Nós devemos contar essa história épica, sobretudo, para as gerações mais jovens.

Não devemos fraquejar agora. Grandes ideias mudaram a minha vida. E nada tem sido mais poderoso em minha vida do que me sentir parte da história judaica, um pequeno elo em nossa história. Nesses tempos penosos, a nossa melhor estratégia é construir, sem nenhuma vergonha, um judaísmo e um povo judeu e um Estado judeu que não sejam apenas seguros e resilientes, mas autoconscientes, cheios de significado, generosos, humanos, alegres e afirmadores da vida. Um judaísmo capaz de acender uma chama em cada alma judia – e nas almas de todos aqueles que se juntarem a nós.

Há muitas forças no mundo declarando, de novo, que todos os judeus devem morrer. Mas há uma força muito, muito maior do que essa. E essa é a força de quem nós somos. Somos um povo que descende de escravos que trouxeram ao mundo ideias que mudaram o curso da história. Um Deus. Dignidade humana. A santidade da vida. A própria liberdade.

Essa é a nossa herança. Esse é o nosso legado. Somos o povo a quem foi ordenado trazer luz para esse mundo.

Você acredita na nossa própria história? Podemos torná-la real mais uma vez? Eu acredito que podemos. E acredito que devemos fazer isso.

---

[5] Deuteronômio 30,4. (N.T.)

AGRADECIMENTOS

HÁ MUITAS PESSOAS que moldaram as minhas ideias sobre esse tema, mas eu seria omissa se não agradecesse àquelas que desempenharam um papel direto neste projeto.

Tenho orgulho de ser representada pela agente Kathy Robbins. Por intermédio dela, tive a sorte de encontrar um lar com Gillian Blake na Crown. Ela me orientou durante a escrita deste livro com a rara combinação de extremo cuidado e velocidade vertiginosa. Agradeço a toda a equipe da Crown, em especial Julie Cepler, Dyana Messina e Caroline Wray. Evan Camfield e Bonnie Thompson me apoiaram. Penny Simon fez de tudo por mim. Também agradeço a você, Casiana Ionita, minha editora na Penguin Press do Reino Unido.

Seth Siegel e sua equipe têm sido incansáveis em me colocar diante das plateias certas. Também sou grata aos meus amigos na Singer Foundation, na Schusterman Foundation e na Liga Antidifamação, em especial Jonathan Greenblatt e David Weinberg.

Este livro não teria se concretizado sem a sabedoria e a orientação de Jonathan Rosen e o apoio de sua — e minha segunda — família. Todos os erros nestas páginas são meus, e eu estou em dívida com Hillel Ofek, Adam Rubenstein, Alex Zeldin e Sam Zieve-Cohen, que checaram os fatos como especialistas e deram suporte à pesquisa. As ideias de David Samuels foram inestimáveis.

Sou grata ao meu primeiro editor de jornal, David B. Green, no *Haaretz*, e a Seth Lipsky, graças a quem tive o meu primeiro emprego como jornalista no *New York Sun*. Aprendi a escrever e editar no *Wall Street Journal*, e ninguém me ensinou mais do que Bret Stephens.

Não trabalho mais na *Tablet*, mas sempre me orgulharei da minha associação com essa revista, que conseguiu antecipar os temas deste livro em meses e até anos, e da minha amizade com Stephanie Butnick e Liel Leibovitz. A *Tablet* é presidida pela minha querida amiga Alana Newhouse, uma das maiores empresárias da comunidade judaica norte-americana.

Não há nada que se compare com o *New York Times*, e eu tive a sorte de trabalhar lá com Honor Jones, minha editora, James Bennett e Jim Dao, que apoiaram este projeto desde o começo.

Bill Maher e todo o pessoal do *Real Time* têm sido extremamente generosos e gentis.

Em nossa luta coletiva contra o antissemitismo, sou grata por ter conhecido Neil Blair, Noam Dworman, Dara Horn, Robbie Kaplan, Alex Levy, Dan Loeb, Meghan McCain, Richard e Lisa Plepler, Lynn Schusterman, Susan Silverman, Dan Shapiro, Natan Sharansky, Matthew Weiner e Einat Wilf. E também sou grata por ter aprofundado a minha amizade com Dan Ahdoot, Meryl Ainsman, Frank Bruni, Daniella Greenbaum Davis, Caitlin Flanagan, David French, Matti Friedman, Josh Glancy, Jeffrey Goldberg, Mark Horowitz e Jennifer Senior, Terry Kassel, Jamie Kirchick, Eli Lake, Bernard Henri-Levy, Gady Levy, Deborah Lipstadt, Andy Mills, Michael Moynihan, Tariro Mzezewa, Michael Oren, Abby Pogrebin, Nancy Rommelmann, Julie Sandorf, Dan Senor, Cindy Shapira, Ruth Wisse e Brian Zittel.

Todo judeu precisa de um rabino. Tenho sorte de ter mais de um. Agradeço, especialmente, a Angela Warnick Buchdahl, Jamie Gibson, Daniel Gordis, David Ingber, Noa Kushner, Danny Schiff, Motti Seligson, Mychal Springer, Joseph Telushkin e David Wolpe. Yossi Klein Halevi nunca frequentou a escola rabínica, mas tem sido um *rebe* para mim desde a faculdade.

Tenho sorte de ter David Busis, Leora Fridman, Avromi Kanal e Sarah Shaw, David Levinson, Leslie Niren, Tina Romero, Evan Hepler-Smith e Thomas Whittington do meu lado. O Corpo de Fuzileiros Navais dos Estados Unidos tem um lema não oficial, cunhado pelo general Jim Mattis: nenhum amigo melhor, nenhum inimigo pior. É assim que me sinto com relação às seguintes pessoas: Ariel Beery, David e Allie Droz, David e Sarah Feith, Rachel Fish, Jordan e Samara Hirsch, Aharon Horowitz, Daniella Kahane e Ben e Ali Kander.

Acima de tudo e sempre: Jen Spyra e Benjy Shaw.

Nellie Bowles tornou a Califórnia a minha casa enquanto escrevi este livro.

Onde quer que eu vá, sinto o apoio das famílias Weiss, Steiner, Mullen, Kander, Carpenter e McCafferty, de Pittsburgh. As minhas queridas irmãs Casey, Molly e Suzy são a minha tribo das tribos.

E, por fim, agradeço aos meus pais, Amy e Lou Weiss. A maior honra da minha vida é ser filha deles.